Khn Bahdur Amr' Al

The Baring Namah

A Persian work compiled by Nawab Ameer Ali Khan Bahadoor, with a summary of the contents in the English language

Khn Bahdur Amr' Al

The Baring Namah
A Persian work compiled by Nawab Ameer Ali Khan Bahadoor, with a summary of the contents in the English language

ISBN/EAN: 9783337289393

Printed in Europe, USA, Canada, Australia, Japan

Cover: Foto ©Thomas Meinert / pixelio.de

More available books at **www.hansebooks.com**

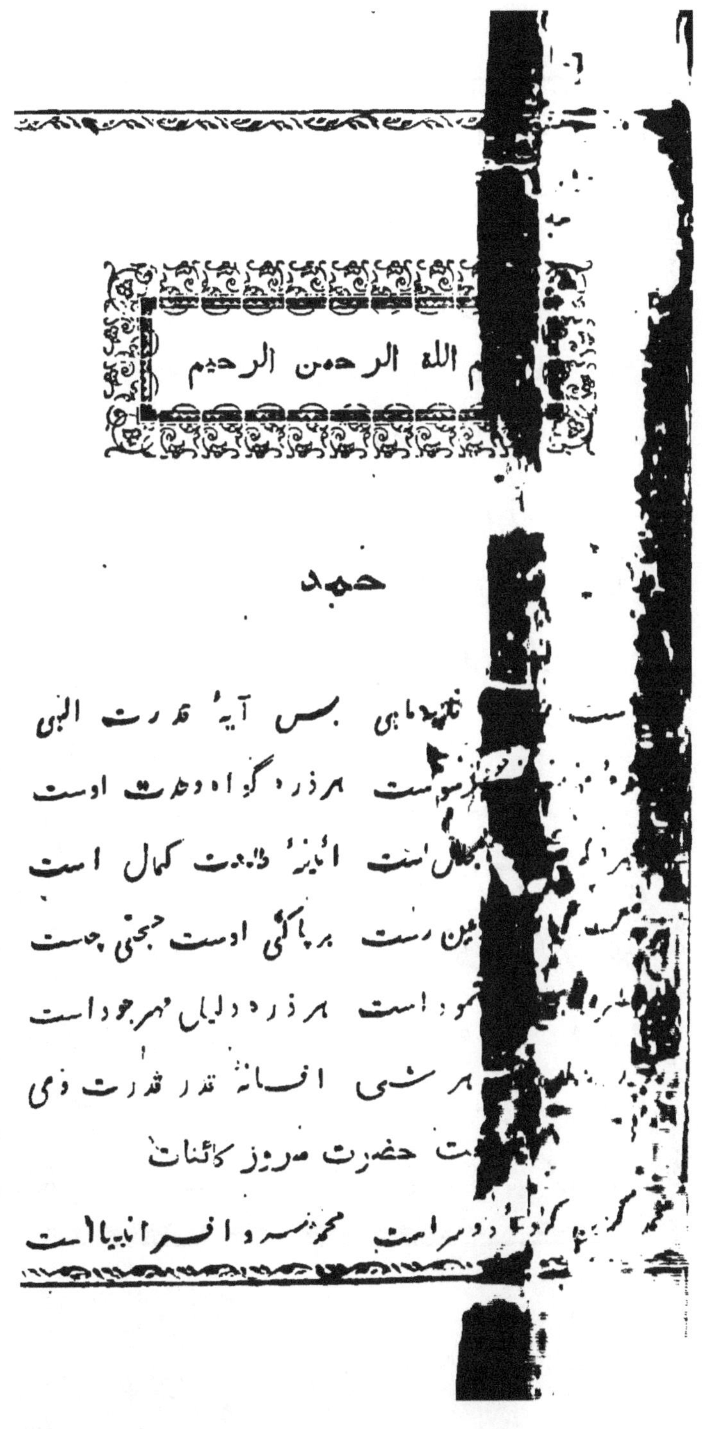

م الله الرحمن الرحیم

حمد

ناپیدا هی بس آیهٔ قدرت الهی

موست هر ذره گواه وحدت اوست

جلال است آئینهٔ ذات کمال است

مین رست بر پاکی اوست حجتی چست

مو: است هر ذره دلیل مهر جود است

هر شی افسانهٔ قدر قدرت وی

ت حضرت سرور کائنات

دوسرا است محمد سرو افسر انبیا است

بانچه حضرت کریم و رحیم بالطاف عمیم خود این هیچ میرز را
بنواخت و منت بر جان ناتوان این هیچمدان نهاد هزار
چندیش ازانست که در مطمح نظر این بی بال و پر بوده
زیاده ترش کرد سپاس بر انعامانش ازان ببارگاه
کبریایش بجا می آرم که محسود و مغبوط اکثری از طوایف
انام گردیده ام نه حاسد و بداندیش ناکام زر و جواهر و
حشم و عقار و آساس که زیر تصرف خود دارم حاشا که
فخری بدان نکردم و مایهٔ عظمت و استکبارش هرگز نمی انگارم
بلکه هرکس و ناکس را بهتر و نیکوتر از خود می شمارم
چه نه از خزینهٔ دانش و فراست کیسهٔ آرزو حسب خواهش
پر کرده ام و نه از گرد آوری زاد مراحل دار آخرت نصیبی
برده اگر کار بر حساب افتاد بنده ام سر افکنده و اگر رحمتش
کارکرد اوست غفار و منم عاصی خطاکار * ع *
که مستحق کرامت گناهگارانند * فما نرجو الا من لطفه
الجمیل - وهو حسبی ونعم الوکیل - به تجارب گردش

دوران نیک شناخته ام که دولت و اساس اگرچه بیحد و شمار باشد ناپایدار و بی اعتبار است - و علم و هنر سرمایهٔ ایست بیش بها و دولتی بی انتها - علم گوهریست آویزهٔ گوش جان اهل تمیز - و هنر جوهریست در نظر ارباب نظر عزیز - آن ستارهٔ ایست نور افروز از پرتوش انفاس زکیه فروغ انتما - و این مشعلی است ظلمت سوز از صرصر حوادث روزگار بی پروا - علم و هنر بهین سرمایهٔ ترقیات انسان - و برای عروج بر معارج فضایل بهین نردبان است - هذا دولتی که هر چند صرفش کنند افزون است - و صاحبش در سفر و حضر از دست برد سارقان و رهزنان همیشه مصون و مامون است - خداوند علم و هنر توانگریست که بهیچ حال فقیر نگردد - و صاحب جهل در هر حال فقیر است اگرچه مال فراوان دارد پس به همین فهم و خیال بگرد آوری این دولت لایزال صرف اوقات بیش از حوصله کردم و بهوای صید این شاهباز

بلند پرواز رو بهر سو آوردم چون اقسام علوم بسیار و انواع فضایل و کمالات بیحد و شمار است و کسان باختلاف طبایع و اذهان به تحصیل و تکمیل علوم و کمالات متفرق اند هر فردی پی نوعی ازان دویده و بذوق لذت خاص چاشنی بمذاق کام جان بخشیده - این بی بضاعت که بیشتر به صحبت ارباب سیر و تواریخ بهره اندوز گشته و عجائب احوال روزگار و غرائب سوانح دور دوار سمع دلش زیاده تر بگذشته بسوی این فن لطیف که نویدش بسیار و آگاهیش شمع افروز کاشانهٔ عقل و اعتبار است رغبتی بخاطر فاتر داشت تا به مرور زمان سرمایهٔ ازان گنج بیرنج حاصل ساخت و گاه گاه باحیان فرصت حسب حال زمان به تحریر وقائع و حالات نو و کهن نیز پرداخت ولیکن چون عنفوان عمر جوان داشت و بذکر وقلم روان بحفظ و نگهداشت آن ذخائر دانش اعتنا کمتر نمود و ازین است که حرفی ازان دفتر منتشر و شائع و شهره نگردیده

گو نزد بعض قدر دانان چه عجب که بعض ازان تا الان نیز موجود
خواهد بود لیکن نزدیک راقم آثم عمریست که حرفی ازان نمانده است
بلکه اثری و نشانی هم ازان نمیدانم چون آن پیشینه دفاتر گویا
یکسر معدوم و نامعلوم گردیده و سیه شب غفلت جوانیم را
روز سفیدی عهد شیب برسر رسیده تابش آن آفتاب
سرکوه بیدار از خواب غفلتم کرد تا چشم بر بی ثباتی جهان
گذران بکشادم و دانستم که گذاشتن یادگاری از علم و
دانش درین عالم بی ثبات از جملهٔ واجبات است اول
بتدوین نسخهٔ امیرنامه متضمن احوال بزرگان ملک و مال
و نبذی از حالات ابتدای خود باهمه قلت فرصت و تشتت
بال در سال هیجده صد و هفتاد عیسوی پرداختم و دیباچه اش
را بنام نامی شاهنشاه هند و انگلستان موشح ساختم چنانچه
آن نسخهٔ دانش پیشکش ایستادگان پایهٔ سریر فلک
نظیر ملکهٔ محتشمه گردید اراکین آن بارگاه سپهر اشتباه
بمقتضای کمال هنرپروری و کرم گستری اعزاز نامهٔ متضمن

پذیرائی و تحسین از حضور فیض معمور شهنشاه خورشید کلاه
بتاریخ دهم اگست سنه ۱۸۷۱ ع بنام این فدویت آگین
صادر فرموده سر افتخارم را بفلک عز و اعتلا رسانیدند بعد ازان
کتاب وزیرنامه متضمن خلاصهٔ حالات دودمان عظمت نشان
حضرت بادشاه کیوان پایگاه مالک آوده نوشته بحضور پرنور
بندگان ثریا مکان حضرت شاه جمجاه گذرانیدم بحمد الله که از رهگذر
غایت عنایت بحال این عبودیت اشتمال منظور نظر
فیض اثر حضرت قبلهٔ عالم و عالمیان افتاد انگشتی که حضرت شاه
جمجاه به قبولش برگزیدهٔ هنرپسند به نهاد عقدهٔ آرزوی دلم را
برنگ غنچهٔ نو دمیده بفصل بهار بکشاد * از مطالعهٔ کتب سیر
و تواریخ نیک روشن و پیدا و ظاهر و هویدا است که از
سخنوران پیشین زمان بسی نکته سنجان معنی پرور به جمع
و تسوید سوانح کشور خدایان نامدار و فرمانروایان با عز و وقار
صرف اوقات عمر عزیز نموده اند تا نام نامی اماجد و خواقین را
بذکر مکارم و اخلاق شان در صحیفهٔ آفاق جهان تا ابد الاباد

بهنبکی گذاشتند و خود ایشان هم بدان و سیاهٔ جمیله تو گوئی زنده و پایندهٔ جاوید ماندند چنانچه تاریخ یمینی - طبقات ناصری - قرد العیون - شاهنامه - تاریخ طبری - ابواب الجنان - تاریخ وصاف - ذخیرة الملوک - ظفرنامه - و مآثر الامرا - و صدها امثال آنرا بنام پادشاهان ذی حشمت و شان مزین ساخته اند و طراز آغاز هر یکی را بنام کشور خدای فرمان فرما پرداخته اینجا سخنی از چهره کشایان حکایات صداقت آیات سالف ایام مناسب مقام خوش بیاد آمد که چون فرانه ارسطاطلیس مسائل حکمت را که گزیده نگینی است بر خاتم عنان و اعتبار . و خوشتر از و چنی است نابام معرفت کردگار مدون ساخت و دیباچهٔ کتاب بنام گرامی خاقان دادگستر شاه اسکندر نوشت شاه بجلدوی آن خدمت نمایان حالهٔ جواهر و قماش چندین هزار دینار زر سرخ بوی ارزانی داشت و بکلمات بسیار ستود گرچه از همنشینان عرض نمودند که اگر بهر مولف کتاب چنین اموال

وافر و بیحساب بخشیده آید باندک روزگار جمله گنجینهٔ شاهی پاک رفته خواهد بود بادشاه فرمود که اگر کسی شمارا زندگانی جاوید بخشد او را چه دهید گفتند هرچه دهیم کمتر باشد بادشاه فرمود حکیم مرا ازین کتاب تا عمر دنیا زنده داشت که حیات دوام بواسطه بقای نام بمن بخشید پس بجلدوی چنین احسان نمایان من بمژدگانی چه بخشیدهام * نظم *

سلاطین که مارک و نگین داشتند　متاعی بجز نام نگذاشتند
کیانی و سامانی و پیشداد　ز گفتار فردوسی آمد بیاد
ز محمود و مسعود با تاج و گنج　بمعنی از انها شد نکته سنج
چو تیمور شد سوی دار القرار　ظفر نامه ماند ازو یادگار
هر آنکس که رفت از سرای جهان　دهند از تصانیف ویرا نشان

فراوان منت مر نگهبان شکوه جهان آفرین راست که من بجان نثار فدوی اخلاص شعار درین پیرانه سری با همه اطاعت گستری نگار خانهٔ شارستان سخن را بزیبا من اسمای جلالت انتمای محمود بادشاهان کشورکشا و بلند نگاهان قدرشناس گیتی

آرا رنگین کرده ام و بهزاد خامهٔ مدحت نگار را بخوش نویسی صورت عدل و اخلاق چنین عالیجاهان سپهر فرسا و والا دستگاهان نصفت اساس معدلت گرا بکار برده اگر با همه بیدانشی مطرح انظار عنایت های خامهٔ حضرت شاه و شاهنشاه گشته سرمایه مفاخرتهای دارین حاصل سازم و چهرهٔ روزگار و سیمای لیل و نهار خود را باقتباس پرتو انظار این هردو مهر و ماه پرنور و ضیا کرده غلغله مسرت و شادمانی از چارسوی این کهنه افاق تا بنه سرا پردهٔ قصرنیلی رواق اندازم شگفت نتواند بود آری

* بیت *

خور نور دهد ذرهٔ بی نور و ضیا را شاهان چه عجب گر بنوازند گدا را

چون آن هردو تالیفات مدون و مشتهر گردیده و سالهای عمرم به شصت و ششم رسیده سرانجام دیگر تالیف ضخیم درین ضعف پیری باهمه کثرت مشاغل که از نظم کارخانجات سلطان سکندر شان حضرت بادشاه اوده ادام الله سلطنته و دیگر علائق ضروریهٔ تمدن بانضمام خدمات بسا دوستان

واهتمام حاجات اکثر عزیزان نقد وقت خود دارم سخت
اشکال بلکه قریب تر به محال لیکن ازانجا که طبعم خوکردهٔ
اشتغال سخن و از روز اول دلدادهٔ این فن است
باهمه موانع نخواست که ازان باز ایستم و ساعتی را از
شب و روز که مهلتی یابم رایگان بگذارم اوقات عمر گذران
بس عزیز است حیف است اگر نفسی هم بیکار رود و
صرف اوقات عزیز درین دار فانی بکار یادگارهای باقی کرده
نشود لهذا ذکر میکردم که کدام تازه رودادی را بقید تحریر
در آرم و تا حد امکان خود دست و قلم را از املای مضامین دانش
قرین باز ندارم در همین ذکر بودم که عقل رموز آگاه چنین
هدایتم فرمود که در اینروزنامه بعض احوال فضائل اشتمال
عالی شان والا دودمان لارد ارل آف میو به تسوید در آمده و
چیزی کی باقی مانده آن باقی مانده را با احوال عظمت اشتمال
جناب وایسرای حال رونق بخش کشور جنت نشان
هندوستان لارد نارتهه بروک صاحب بهادر که چار بالش

ایوان معدلت و دادگستری را بجای ارل آف میو بنجبهار وانگ جهان درین عهد و زمان گرم فرموده و زنگ الم مفارقت ارل آف میو از سجنجل ضمائر اخلاص ذخائر هوشمندان خبرت دستگاه وحق شناسان پاک درون بصبرت پناه پاک زدوده برنگارم و به ضمیمهٔ آن مضامین چند دل پسند که ملایم حال و مناسب مقال باشد به بخشها حوالهٔ قلم کرده یادگاری در دست ابنای روزگار بگذارم پس بموجب هدایت عقل سراپا درایت برنگ آمیزی این نامهٔ رنگین رنگی از شرف ونکونامی برآوردم و چون طراز این نامهٔ رنگین بنام نامی نیاکان دودمان باعز و شان هیرنگیه برستهام لهذا به هیرنگ نامهٔ موسومش کردم و برشش بخش و یک زدانه بخشش نمودم *

بخش یکم در لفظی چند درد آمیز حسرت خیز پسین واقعهٔ جانکاه لارد ارل آف میو بهادر که پس از نگارشم نسخه امیرنامه واقع گردید *

بخش دوم در بیان اجمالی حسب و نسب معلی القاب

لارڈ نارتهبروک بهادر وایسرای ممالک هند و کارگزاریهای وی در ممالک انگلستان *

بخش سوم در ذکر رونق افزوئی عالی جناب وایسرای ممدوح بکشور هند و بیان ظهور بسا کارهای خیر درین دیار بتوجهات آن گرامی وقار و تفصیل کارهای مذکوره این است اول موقوفی انکم تکس بحکم فیض شمیم آن والاشان و درین بیان شرح کیفیت اجرای تکس و حقیقت ان نیز مذکور است * دوم ترقی تعلیم علوم و هنر بعهد آن والاگهر * سوم درستی بدنظمیهای نظامت سواد مرشدآباد به یمن امداد آن عالی نهاد * چهارم تائید و اعانت آن والاحشمت بسرانجام عروسی دختران عظمت نشان بادشاه جمجاه اوده * پنجم امن از بلای جانگزای قحط بمیامن حسن توجهات ان والاصفات * ششم کشایش ابواب تجارت مابین ممالک هند و یارقند و درستی و امن راه وغیره *

بخش چهارم در ذکر احوال و انتظام ریاست برووده *

بخش پنجم در احوال ورود میمنت آمود شاهزاده البرت اڈورڈ پرنس آف ویلز بہادر ولی عہد سلطنت قوی شوکت انگلستان و ہندوستان *

بخش ششم در بعض احوال ترقیات مدارج این خاکسار و حصول خطاب نوابی از گورنمنت انگلشیہ بفضل خداوند کردگار و شرح حالاتیکہ بعد تحریر نسخۂ اول این نامہ تا این زمان بظہور رسیدہ *

دردانہ در ختم کتاب بذکر محامد بندگان عالی جناب نواب لفٹنٹ گورنر گورمنٹ بنگال *

بخش یکم

در لفظی چند دردآمیز حسرت خیز بیاد پسین
واقعهٔ جانکاه رائت آنربل ارل آف میومر
ریچارد سوتهه ویل برک کے پی وائیکونت
میو بیرن نیاش کرکلدیر وغیره

زرف نگاهان دانش آئین و والا نظران حقائق بین که بدیدهٔ اعتبار بینندهٔ احوال روزگار و بنظر بصیرت دانندهٔ نیرنگ و بد روش و گردش های این دور دوار اند نیک می فهمند که پسین احوال ملالت اشتمال آن سردار باعز و وقار چنان جانخراش و مصیبت پاش است که از قلم و زبان کاسه لیسان خوان تفقدات و مستفیدان مائدهٔ اخلاق و صفاتش در بیان این غم هوش ربا و شرح این الم جانگزا حرفی جز آه و صدائی غیر از نالهٔ جانکاه نتواند برآمد هیهات هیهات هنگامیکه آن

یکتای زمان و رئیس والاشان بهمت مردانهٔ خود شب و روز
گرم آرایش و فلاح جوئی این ملک و اهالی این ملک می بود
و از رهگذر رادمنشی و والاگوهری به بسا مصالح پرسود و فوائد و
منافع خیر آمود برای کامیابی مصیبت زدگان فلک کج رفتار
فکرتهای شایان و توجه و التفات های نمایان بهر وقت و
زمان میفرمود فلک کج رفتار که در پی آزار هر یکی میباشد
و دشنگی (†) دون همت که دلهای اهل جهان را بتازه گزلک غم
هردم می خراشد نخواست که بدستیاری آن بالا چاق (‡) یکتای
آفاق اسباب صلاح این ملک بوجود اید و ابواب فلاح این دیار
برهجلتیکه تمنای دلی آن عادل دریا دل بود بگشاید تا به هشتم
روز ماه فبروری سال هفتاد و دو بر یکهزار و هشتصد عیسوی که سه سال
و دو ماه آن عالی شان را درین طرف آبادانی بحکومت و کامرانی
گذشته بود فلک کجباز ظرف سنگ حادثه بر شیشهٔ زندگانی

(†) دشنگی بالفتح بروزن پلنگی بمعنی دنیا و روزگار .

(‡) بالا چاق بمعنی سردار و حاکم بزرگ .

آن صافی نهاد انداخت و بطرفه دشنهٔ ستم پهلوی ناز پرورش را بسان گاوی بسمل مذبوح مجروح ساخت افسوس هزار افسوس که هنگامیکه آن گرد دلاور در خاکپارهٔ پورت بلیر بعزم نهضت طرف دار الحکومت کلکته آمادهٔ سواری بر مرکب بحریٔ دخانی بود عین برلب دریا زبانهٔ اجلش از آتش خس پوش وجود خاشاک نمود ناحق کوشی کوردلی حق فراموشی سر برزد وآن دلاور یگانه به بیخبری از شور طبعی زمانه جام غم آشام تلخ آب فنا بکیفیتی درکشید و سیراب از ان گردید که خیال هیچ متنفسی بدانگونه واقعهٔ جانکاه هرگز راه نداشت و عقل هیچ هوشمندی آن صورت حادثه را قرین امکان وقیاس بنوعی نمی انگاشت • للمولف

آه صد آه از آن صدمهٔ غم حیف صد حیف ازان دست ستم

ای وای - للمولف

این نه خون عیش وامن وعدل تنها ریختی

آبروی مردمی هم بی محابا ریختی

ای کم از روباه نامت شیر گفتن جاها بیست
این چه آب تیغ اندر خون بیجا ریختی
گوهر یکتای مردی را چنان دادی بباد
سنگ بدگوهر شدی بر لعل یکتا ریختی

جسم خالی آن قهرمان عالی را بانواع تزوک شاهانه و کمال فر و احتشام و اعزاز و احترام تمام برده دکش 3 افننی غندهم همان شهر صدمات بهر بدار الحکومت کلکته رسانیدند جمله خاص و عام این بلد با صد ناله و آه همراه بودند و بجوش غم و الم اظهار خلوص و ارادت باطن محبت مواطن می کردند هجوم فوج موج در موج بسان سیلاب غم با جنازهٔ آن بحر کرم روان بود سرنگونی جمله لشکریان با تفنگهای شان آتش غم و الم نظارگیان را سر بلندتر می نمود - چه گویم هنگامیکه شلکهای ماتم از بالای قلعهٔ فورت ولیم سر می شد هر ضربش حصن حصین قلب سنگدلان را بصدای غم افزا می شکست زیر افتاده دیدن نشان قلعه راه صبر و قرار بر مترددان جادهٔ انتشار

هر تا سر می بست * غرض بچندین شوکت و اه تمام جسدش را
تا ایوان گذرنی آوردند - و بر بالا خانهٔ آن ایوان عالی شان
صدر نشین دربار جمله ماتمیان بی تاب و توانش کردند
همانا آن حشمت کاشانه ظرفه ماتم خانه گشت و به جمعیت انواع
لوازم رنج و پریشانی در هر نظر صدمهٔ تازه بر دلهای
نظارگیان میگذشت بند بودن آن مکان وسیع راه بیت الضیق
مصیبت را بر حاضران مجمع غم زیاده تر می کشاد - سوختن شمع
برسر بالین آن چراغ افروز محفل عز و تمکین یاد از سوختگی دلهای
غمزدگان خسته جان میداد از عسکریان تنی چند را دور دور
با تفنگهای سرنگون بهیئتی برگماشته بودند که کیفیت مبهوتی
و حسرت ناکی شان بر دلهای بینندگان کاری میکرد و تماشای
حیرت و سکوت مجبورانهٔ جمله متعینان آن مکان صد هزار
ناله و آه از دل پردرد گذرندگان بر می آورد نه صرف آن ایوان
عظیم الشان تاریک بود بلکه تمامهٔ این شهر بعان بهجت
نشیه بخسان بچشم اهل جهان تیره و تار می نمود دو روز کامل

آن ایوان عظمت نشان عزا خانه ماند بالاخر بتاریخ بست و یکم فبروری جسد آن دلاور اولوالعزم را که برای طلسم حیرت و حسرت صورتی شایان تر ازان نبود بشان خسروانه بر جهاز ڈافنی باصد رنج و اضطرار روانهٔ انگلستان دیار نمودند آه صد آه که صدمهٔ مقتولی جناب نارمن صاحب چیف جستس از دلهای اهل جهان هنوز دور نشده بود که این صدمهٔ جانکاه ترازان بایج بازی این دور گردان رونمود.

نظم

ز دلها کم نگشته یک غم دل　　غم دیگر بدلها گشت حاصل
ازین دوران کجا کاری کشاید　　که هر ساعت غمی بر غم فزاید

بخش دوم

در بیان اندکی از نسب والای عالی جناب لارد نارتهه بروک گورنر جنرل و وایسرای حال ممالک جنت نشان هندوستان با بعض اجمالی احوال عظمت اشتمال بعضی نیاکان انجناب عظمت و شوکت ماب و ذکر کار گذاری های انوالاشان در ممالک انگلستان *

للمولف

شکر که از شام تار نور مه آمد پدید   وز شب اندوه بار صبح مسرت دمید
ابر سیاهی که بود بارش رحمت نمود   ختم شد ایام غم مژدهٔ عشرت رسید

ازانجا که سنت قدیم خداوند حکیم است که بعد از زمان عسر یسر را به بندگان ضعیف و ناتوان خود زودتر کرامت می فرماید و مکافات هر سختی به آسانیها بفضل عظیم و کرم

عمیم خود مینماید دمیکه از صدمهٔ انتقال ارل آف میو عالم در نظر ساکنان این ملک تیره و تار گشته بود و هر روز سیاه غم غیرت شب های دیجور بچشم دیده وران می نمود کرم عمیم خداوند کریم بغتةً متوجه حال ملالت اشتمال این ملک و اهالی این ملک گردید و عالیجناب لارڈ نارتهه بروک بالنیابه العالیه رابمعدلت و فرمانفرمائی این جا برگزید از طلوع فیض لموع این مهر سپهر مرحمت و داد گستری جمله ظلمتهای غم و الم مبدل بانوار سرور نامحصور گشت و شب مصیبت و محنت جانی منقلب بصبح عشرت وکامرانی گردید بیت

هر طبع ملول گشت آزاد از غم هر رنج که بود شد براحت مبدل
شیرین شده کام تلخ هر دو لتخواه شهد است نصیب آنکه خوردی حنظل

از اینجا به بیان شرایف حالات عالیجناب معلی القاب وایسرای ممدوح می پردازم و مجملی از سلسله حسب و نسب این عالی شان والا دودمان راسراغاز عنوان بیان ساخته شرح کیفیت معدلت پروری و فیض گستری هایکه بعهد

وایسرائی این عادل باذل پرتو ظهور افگنده بطور نمونه از خروار و اندکی از بسیار برمی طرازم*

هویدای خواطر دانش مظاهر باد که عظمت پایگاه رفعت انتساب نواب مستغنی عن الالقاب فرمان روای ممالک وسعت آباد جنت نشان هندوستان نائب حضرت ملکهٔ معظمه شهنشاه زمان المنتخب به بیرن نارتهه بروک که نام نامی و لقب گرامیش طامس جارج بیرنگ می باشد از عالی دودمان باعز و شان بیرنیج بوده است غالبا بهمایین اوائل شانزده صد عیسوی در ممالک جرمن از اهالی مقام مکسبدی هم به سبب کمالات ذاتی از علم و دانش و هم بوجه علو نسب و زمینداری وحکومت و بلند وقاری بانهایت شان واحترام همدران اقصا عارج معارج عز واعتلا بودند و در نخستین هنگام درست اصلاح و عقاید و روش مذهبی بترک گفتن از صورت تراشی و چلیپها پرستی قبائل پوپ و پیروان ایشان بعهد راست گزشر

دانشور آگاه لوتهر اندران ممالک در نامی بندر مستقل
الحکومت بریمن که برکنار رودبار ویسر باغایت پاکیزگی
واجتماع انواع اسباب دولت و حشمت واقع است
اکثری از پیشین نیاکان این خاندان بجرا و استحکام
راست روی دینی لوتهر کارفرما و محترم بودند تا آنکه پیطر بیرنگ
که ازین دودمان صاحب نام و ننگ خیلی سفر آشنا بود
و بانواع علم و هنر آراسته بسفر بسین درسحای از علاقه
دیار هالند شهر پرفضای گرانینجن که بلطافت آب و هوا
و خوبیهای ازهار و اشجار و گوناگون اثمار خوشگوار بانفاست
ولطافت آبسالان و قصور عالیشان و نیک خوئی باشندگان
گوی پیشروی برباسا قصبات و امصار آن دیار می برد
طرح اقامت باهمه عزت و استقامت انداخت و بحرمت
وآرام وعشرت و شادمانی تمام باخویش و تبار و اکابر و عمائد آن
دیار ایام حیات مستعار بسر می برد - سلسلهٔ خاندانش
ازینجا برهنمونی عزت و اقبال و همراستانی علم و کمال

بشگرفت ترقیات روز افزون مقرون ماند و تاالان به مراحم

وافضال ایزد متعال همچنانست تذکار بعضی از نیاکان آن

سلسله بانام ونشان را که بدین دور زمان قربت و

اقتران داشته اند باغایت اختصار ازبرای بصیرت و

آگاهی جویندگان احول اولیای مملکت وشرکای دولت

بعد ادراک از بعض کبرای این دودمان عظمت توامان

ودیگر عظمای صداقت نشان وهموطنان شان درین چند

اوراق بقید قلم در می آرم *

فرینز بیرنگ از اولاد خرد برزوه پیطر بیرنگ موصوف

مهین کار فرمای کلیسای لوتهریان در شهر نزهت بهر

بریمن با دیگر مناصب عالیه آنظرف دیار با هرگونه عزت و

وقار بود و بدانشمندانه تصرفات ملکی و کیشی دایما صرف اوقات

گرامی خود میفرمود تا از بطن جفت نیک خوی خود پسری

گذاشت داناو ارجمند جان بیرنگ نام این جوان بخت بسبب

غایت باندخوهمانگی وعلو دانش خود بار ۶ بجکی از خدمات جابله ملکی

و کیشی را بر دوش خود نگرفت بلکه در آزادانه شغل بازرگانی
در ملک ڈیون بفراست و چستی و راستی و درستی تمام
صرف اوقات و ایام می نمود و بمساعدت طالع نیکو فرجام با اندکی
از مشقت و اهتمام با همه دیانت و حرمت رشد و دولت
کثیر فراهم آورده بود از وی چار پسران باعز و شان و یک دختر
مانند اختر بعرصهٔ روزگار یادگار ماندند سر فرانسیس بیرنگ سومی
پسر جان بیرنگ در معمورهٔ هنتس ویغره بر وتیرهٔ پدر نامور خود
با همه فضایل ذاتی و کمالات صفاتی کار و بار تجارت را بطرفه
رونق و ترقی‌ها پرداخت و هر یکی را از خاندان ذی تبار خویش بلکه
بسیاری را از مردم آن دیار بحرمت و دولت متعدیهٔ خود
بنواخت و بسبب بزرگی خاندانی و فضائل نفسانی که داشت
چنان مورد ستایشها شد که در میانهٔ سال ۱۷۹۳ نود و سوم
بالای هفده صد عیسوی بخطاب عزت انتساب بیرونط
ملقب و مخاطب گردید همت والا نهمتش بفلاح عامه و صلاح
تامه همواره مستعد بودی تا بمجالس کنگاش مصالح

ملک و مجامع افزایش علم و دولت رای والای وی پسند و
مقبول جماعه ارباب عقول می گشت او را از بطن خدیله
خوش روی و خجسته خوی خویش مسماة هریط هیرنگ دختر عفیفه
ولیم هیرنگ رئیس نامی و گرامی مقام کرایدن و برادر زادهٔ
طامس هیرنگ که در شهر وسعت بهر کنیطربری بمنصب
جاثلیق آرچ بیشپ کار فرما و مقتدا بود پنج پسران ارجمند و پنج
دختران عفت پیوند بوجود آمدند سر طامس بیرنگ پسر بزرگ
سر فرانسیس موصوف باهمه عالی نسبی و گرامی حسبی
و فراهمی محاسن ذاتی و مکارم صفاتی در سال دهم بر هیجده صد
۱۸۱۰ عیسوی علم نکو نامی در ان حدود بدانش و احترام تمام
بر افراشت تا بسان ابای گرامی قدر خود قبای خطاب بیرونط
زیب بالای افتخار و اعتبار خویشتن کرد اکثر کارهای سترگ
و امور فلاح انگیز مد برانه دران دیار یادگار ازین یگانه روزگار است
تفصیلش را این وجیزهٔ مختصر بر نتابد این نامور بافضل و هنر
از بطن زوجهٔ نکو سیر خود میری ارسلا کلن دختر عزت

نشان چارلس میلی اسکویر هفت تن اولاد خجسته نهاد یعنی چهار پسر و سه دختر بگذاشته در سال ۱۸۶۴ شصت و چهارم بر هشتصد و هزار عیسوی باعد ناموری رخت از ین سرای ششدری بر بست سر فرانسیس تهارنهیل بیرنگ بزرگ ترین فرزندان باعز و شانش در خردمندی و خوش کرداری و تونگری و مالداری ممتاز از جمله اقران خود بوده باندک روزها به نمایش بزرگ کارهای رتق و فتق ملکی و جست وجوی انواع ترقیات قومی ممدوح بین الآفاق گشت و همچو جد و پدر نامور اول بخطاب بیرونط به نزدیک و دور مشهور گردید و بعد دو سال کمابیش از رحلت پدر نامور خود بخطاب مستطاب بیرن نارتهه بروک با هرگونه اعزاز شرف امتیاز یافت حایله جایله اش چین گرے چارلی دختر سر جارج گرے بیرونط جی- سی- بی- پسری ارجمند فرخنده بی طامس جارج

دیپوفنک که بیان میمنت عنوانش همین. بعد نام گرامی این رییس نامی می آید و در حقیقت باعث تحریر این اوراق همان فرزانه یگانه آفاق است. بعمر دوازده سالگی گذاشته در عین هنگام جوانی ترک این کهنه خاکدان فانی گفت * از یمن این فرزند اقبال پیوند نه صرف پدر نامورش بترقیات مناصب و مطالب خود باکام و مرام گردیده بود بلکه هر سر دستور مملکت یکی پس دیگری بعهد خود آرزومند و طلبگارش گشتی تا رشته بسا عظائم امور ملکرانی را از سهل و دشوار بکف اقتدار این نوجوان پیر تدبیر می سپرد و از تفویض آن رشته بسا گوهرهای مطالب گزیده و مارب پسندیده باصد آب و رنگ فراچنگ می آورد مجملی را ازان حالات مداقت آیات درین تحریر بسلک تسطیر درکشیده عنقریب آویزه گوش ارباب هوش میسازم الحاصل مسیو فرانسیس بالقابه العظیمه پس ازانکه چندی بمصاحبت خاتون

در ساخت بظهور انواع پراگندگی ها در امور خانه داری و فهمایش دوستان خود اماس لیدی بربیلا جارجینا را از دختران الکزندر هاورد ام اے اولین ارل آف اِفینگهم و ممبر نامی پارلیمنت بازدواج خود برگزید عاقبت الامر این پسر تابنده اختر را که جز دانش و اقبال و فضل کمال چار جوهر وجود میمنت آمودش نبوده با دیگر سه گوهر گرانمایه یعنی دختران بلند پایه که از خاتون دوم بوجود آمده بودند درین عرصهٔ روزگار یادگار گذاشت طامس جارج بیرنک ملقب و مخاطب به بیرن نارتهه بروک اِف - آر - اِس الی آخر الخطابات و القابات خلف الرشید پایه دار نبیل سر فرانسیس تهارنهیل ممدوح که ایدر ممالک هندوستان را بآرایش مسند گورنری و افزایش مدارج معدلت و داد گستری بنواخته است و صدمات لگدکوب چرخ کج رفتار ستم شعار را از قاطنان خسته جان این دیار بقدوم فیض لزوم خود یکسر دور ساخته حق اینست که بمراعات زیرکانه وعواطف مدبرانهٔ حکومت و ریاست نه فقط خارهای ظلم و ستم

این گلزار از خزان دیده بر چیده است باکه بگوناگون گلهای صلاح و فلاح رونق کارش را انواع ترقیها بخشیده سال فرخ فال ولادت باسعادتش بیست وششم برج بکهزار وهشتصد وهیجده عیسوی است ومولد خاص عظمت اختصاصش مقام میمنت فرجام دار السلطنت ابهت و جلالت موطن شهر نزهت بهر لندن * انوار سعادت و اقبال در ایام خردسالی از جبین عظمت آگینش تابان و درخشان بود تا آنکه پدر نامورش باهمه جلالت و نبالت بسان قمر مستنیر اقتباس با انوار یمن وسعادت از وجود با جود آن مهر سپهر ابهت و اقبال می فرمود هنوز کف پای پسر تابنده اختر از کنار دایه بر سر زمین فرود نامده بود که پدر نامور از گرامی منصب لارد خزینهٔ بادشاهی بمهین کار فرمائی دفاتر وزارت بعهد لارد میلبورن بزرگ دستور سلطنت شرف عروج یافته قدم اقتدار بر فراز زینهٔ عز و افتخار بگذاشت وی در زمان سر دستور جان رسل بهادر برحسب خواهش وی در انتظام افواج وجنگی مراکب بحری و اصلاح طرق کار روائیهای

آن چنان کوشید که بجلدوی چنین کارهای نمایان و خدمات شایان
اولین لارد اف دی یل میرلطی گذشت وعلی هذا القیاس
همبرین نمط بافزونی ترقیات مادام حیات عارج معارج ماند تفصیل
ترقیات انهمه مدارج کم نیست که بدین مختصر. شمارم حالا بر سر
اصل سخن می آیم و اصل مقصود بیان را بر سترمان
والاشان واضح و عیان می نمایم ممدوح فرخ فالم پیش ازانکه
باموزش گاهی در آید دل دانش منزلش از خودهرآن بهنرآموزیها
مائل بود و خاطر و خیال باعز و جاهش در هر حال باکتساب
فضائل و کمال شاغل هر سخنیکه گفتی عاقلانه و هر بازئی که
کردی سودمندانه خوض در هرکار و تفرقه در هرخوب و زشت
روزگار همیشه ملحوظ خاطر عاطرش می بود الغرض بعد فراغ از کتب
زیربین چون در مشهورترین آموزش گاه اکسفورد کالج بعمر
بست سالگی بزور ذهن و ذکا و کمال قوت عقل رسا از جمله
همدرسان خود قصب السبق برده به اکرامات شایسته ممتاز
و بانواع امتحانات به تحسین و آفرین ها خیلی ممدوح و سرفراز برآمد

بزیر سایهٔ عاطفت پدری بوا دید نوبنو کارهای مالی وملکی و تجربهٔ

بسا امور سهل و دشوار شکری و دیوانی بزودترین اوقات

در سرانجام هرگونه مناصب وخدمات مهارتی کامل حاصل کرد

کما بیش دو سالش باموزش تجربات علم وهنر روبروی

پدر نامور گذشته باشد که نخستین وهله در سال ۱۸۴۸ چهل

و هشتم بر اسپجده صد عیسوی به عمر بیست و دو سالگی بر منصب

پرائیوط سکریطری لارد طالبن بدفاتر کارخانجات تجارت

به صوابدید مصالح و ترقیات ملکی ایامی چندکار فرما ماند سود و زیان

انرا از هم جدا کرد تا او را از انجا در قوم افیس سلطنت پیش

رفیع المرتبت سر چارج گرے بردند حسن کارگذاری مهمات

بدانش و تدبیرهٔ رضیه که خاصهٔ طبع والایش بود او را انجا هم

بالقیام طویل محروم از ترقیات مناصب جلیلی نگذاشت

و بالظهور کمالات ذاتی و فضائل صفاتی و کمال همت

و فطانت در نظم و نسق امور که هردم شایستهٔ عروج

و ترقیاتش میداشت بعهد لارڈ دملفکس سر چارلس اوڈ

بهادر دستور دانش آگاه منتظم مهمات ممالک وسعت نشان هندوستان بدفترخانه بورد آف کنطرول که هرگونه رتق و فتق مهمات و کارهای ممالک هندوستان تعلق بان داشته رفیق معتمد و کارفرمای مستند گشت *

هنگامیکه لارد ممدوح ازان دفترخانه برآمده بر منصب والای لارد آف دی ایت‌همپرلطی مترقی شد و رشتهٔ هرگونه حکومت بحر و انتظام عساکر را بدست اختیار و کف اقتدار خود گرفت این رفیق دلاور خرد دستگاه نیز به ترک خدمت متعلقهٔ تن بهمراستانی لارد ممدوح در داد و باقتضای کمال همت و غایت قوت حق رفاقت را بنوعی ادا کرد که خود را از تعلق آن منصب بزرگ و خدمت سترگ یکسر بیرون کشید و خردهٔ آسایش بگزید و باین عرصهٔ ایام که بچند دفاتر مختلف بکار فرمائیها بسر برده با تجارب مصالح سودخیز و حکم منافع انگیز ممالک انگلستان و هندوستان و صوابدیدهای ترغیبات

ملک و ملکیان در سائر طاقجات بری و بحری و درک و شناخت بهترین دستورات سیاست و ریاست و منافع و مضار صلاح و پیکار بر وفق هنگام و مقام و رسم و راه هر ملک و دیار بوجهی در ذات فضائل صفات خود فراهم آورد که آخر از کمال یکتائی باین پایهٔ بلند بهره مند گشت جناب وی در هوس آف کامنس چندگاه از طرف اهالی مقامات مختلفه بقصد رفاه ملک و ترقیات و فلاح رعایا ممبر هم گردیده بود تا بزمانی سیر بر گوناگون مباحث آئینی متعلق آن محکمه درک و مداخلت کامل حاصل نمود زان پس چندی منصب لارد آف ید میرلطی کار فرمانند و در مابین سال ۵۹ پنجاه و نهم عهدهٔ انڈر سکریطری انڈیا را به هنگام وزارت لارد پامرسطن با کمال دیانت و فطانت رونق جدید بخشید و بعلم و تجربه وسیع خود حاوی جمهار نیک و بد و سود و زیان ملک هندوستان باندک زمان گردید انواع عقدهای مشکل بناخن فکر رسا می کشاد

و ترقیات این دیار که از سالها باسباب شتی اندک
اندک رو بکمی نهاده بود وجوه افزایش آنرا بمهارت
کارفرمائیها در میزان خاطر عاطر همواره می سنجید چون
در سال ۱۸۶۱ هیجده صد و شصت و یک عیسوی باز
در دفتر خانهٔ فوجی کارهائیکه زیر اقتدار سکرٹری
میباشد متعلق ذات مکرمت آیاتش گشت حسن
سرانجام آنرا بیشتر از پیشتر مرعی داشت
سپس باوان مستر کرنل در سال شصت و هشتم دوباره
بانتظام و نسق کوچک و بزرگ کارخانجات فوجی مداخلت
تام بامر حسن انتظام بهم رسانید سالی کامل هنوز
سپری نشده بود که بانئی داوری گاه پریوی کونسل
جناب وی را بممبری برچنند انواع معاملات هند و انگلستان
بسان کارهای دیگر مناسبت و خدمات از ذات مکرمت
آیاتش بلطف و خوبی کمال حسن انفصال می یافت
از یاد متفحصان احوال جراید روزگار و ناظران صحایف.

هرنانک و دیار نرفته باشد که همین سالی چند پیش از بن
جناب دی یک مسوده قانون فوجی که در هوش اف لارڈس
پیش فرموده بود و تقریری به شیوا زبانی بانهایت اختصار
و خوش بیانی بتائید مضامین مصالح آگین آویزه گوش مستمعان
حقائق نیوش نموده تمامه حضار آن سترگ محفلان که جز
مجمع دانشوران کشور و تجربه کاران باعقل و هنر نمی باشد
باصغای ان تقریر دلپذیر همه تن گوش گردیده از هر سو صدای
تحسین و آفرین بلند نموده بودند و رای والای این سردار یگانه
روزگار را به تحریر و تقریرها دفتر دفتر ستوده صحایف اخبار انوقت از
نقل آن تقریر دلپذیر و بیان تحریرهای مدح و ثنای دانشوران
آن زمان مملو است این عجاله مختصر گنجایش شرح و بیان آن
ندارد * مخفی مباد که عالی جناب ممدوح در عمر بیست و سه
سالگی لیڈی شارلط سومی دختر هنری اسطورط اسکویر یکی از
گرامی عمائد عالی مقام وارسطر رابد سازی گزیده بسلک
ازدواج خود درکشیده بود اما بمقام هزاران افسوس و

حسرت و شکایت از فلک دون همت است که آن خاتون عصمت و عظمت نشمون جز چند سال بر فاقت شوهر با عزو اقبال خود ایام عیش و زندگانی بسر نتوانست برد روز فرحت و مسرت هنوز بلغی الزوال نرسیده بود که آفتاب حیات آن عصمت و عظمت سمات در ظلمت شام غم و تیره شب عدم رو نهفته و خانه عظمت کاشانه این نیر برج شرف و نکونامی را بدور بردن جاروب ظلمت زدای شعاع عیش و طرب بیکدم از انوار مسرت و آسایش پاک رفته *

نظم

سحر عیدگاه و عاشوره با ایشان بهم دیدم
به نیرنگ فلک بسیار همچون صبح خندیدم

از بطن آن عفیفه شریفه سه فرزند ارجمند که هریکی از ان سه گوهر یکتای صدف عز و شرف بود بوجود امدند اما فلک بی مهر یکی را از ان سه بگهواره عدم خوابانید حالا صرف آنربل کپتان فرانسیس جارج بدرنگ و عفت قباب

عظمت انتساب آنربل جبین اما بیرنگ نور افزای هردو چشم پدر نامور است خداوند کریم این هردو فرزندان باعزو شان را زیر سایهٔ بلند پایهٔ پدر والا قدر باهر گونه تمتع و شادمانی وعزت وکامرانی سلامت دارد و جمله مقاصد دلی ایشان بلطائف عاطفت پدر نامور برآرد * مصرعه

این دعا ازمن و از جمله جهان آمین باد

بعد وفات خاتون عفت مشحون که ذکر خیرش بالا گذشته بسیاری از دختران عظماء کبرای انجا بمشاهدهٔ جامعیت محاسن صوری وکمالات معنوی و مدارج ثروت وحکومت که بذات عظمت سمات ممدوح والاهم فراهم بوده است خواهش مواصلت و انعقاد کردند اما این فرزانه یگانه براعات کمال شفقت و عاطفت که بر فرزندان داشتی نخواست که جگر گوشگانش محتاج پرورش در پهلوی دیگری باشند و باطاعت غیری سر فرود آرند همه کلفتهای پرورش جگر گوشگان را بر ذات خاص عظمت

اختصاص بر میداشت و رنج تنهائی خودرا از راحت دوئی بوفور محبت پدری آسان و نیکو نر پنداشت شرایف حالات ندرت اشتمالات حضرت ممدوح ذیشان یکتای دور زمان انچه بولایت انگلستان گذشته درین عجاله مختصر شرح نمودن دریابکوزه آمودن است قطع نظر ازان بیان بی پایان کرده ایدون اندکی از احوال عظمت اشتمال عهد وایسرائی جناب فیضماب ممدوح را درین مختصر بر می نگارم و پیش ازانکه آن احوال عظمت اشتمال بتحریر و تسطیر درآرم شکر و ثنای اهالی سلطنت علیه انگلشیه بزبان هر موی تن و دهان هر مسام بدن بر می گذارم که چنین فرمانفرمای نیک نهاد باعدل و داد را برای رونق و آبادی و رفاه و ترقی این ملک برگزیدند فی الواقع مانای ذات مستجمع کمالاتش دیگری کم بوده بلکه اگر غلط نکرده باشم شاید یکی هم نبوده زیراچه جناب وی بگوناگون تجارب

و کار فرمائیهای از منهٔ سابقه از هرگونه حالات این ملک و دیار و منافع و مصالح رتق و فتق هر مهم و کار آگاهی کماهی داشت و از حالها بر قافت و زیر باند بیر ممالکت هند در انتظام مهام این ملک و واشگافت دقائق هرگونه معاملات رعایای اینجا به بزرگ داور یگاه پروی کونسل ملکهٔ نامه در حکومت خاصهٔ این کشور بوجهی حاصل کرده بود که گویا درین عرض مدت به همین دیار بجاهای مختلف در هرگونه مناصب و کارها به صرف اوقات عزیز حاکم و فرمان فرما بوده است هرچند این منصب سترگ با همه عظمت و جلالت بمقابل علو شان چنین عالی دودمان که بعلم و کمال و عزت و اقبال محسود اقران زمانش توان گفت چندان عزیز نبوده و ازین است که اعیان سلطنت بهمین خیال تردد ی در قبول و اقبال از طرف این مهتن فرزانه یگانهٔ زمانه بدلها میداشتند و آمادگی اورا برین عهدهٔ جلیله و خدمت نبهاء قرین معرض تشکیک

بانکه غالباً بر مظنهٔ عدم قبول محمول می انکاشتند فاما
چون جمله مشیران واعیان آن دولت بانند صولت
حسن تجویز و ضرورت قبول این جهین ماسول را بکمال
اصرار اظهار فرمودند و بهرگونه جدوکد امادهٔ این آراده
اش نمودند چار وناچار تن بقبول این ماسول درداد
و باهمه امارت وحشمت وحکومت وعظمت که بعنایات
ایزدی درآن دیارش بحالت معیت اقارب واحباب
وعزیزان واصحاب خاصان وواصلان بوده محض نظر
برفع ملالی که از رحلت بانوی خوشنحو بر خاطر عاطرش
استیلا می داشت عنان عزیمت راازوادی انکار
برگردانید وبافراشتن بادبان عزیمت سرتاسر شفقت
کشتیٔ تمنای ایشان را بارادهٔ اصلاح ودرستی
بسا امور ناخوش این ملک که بهنگام کارفرمائیها از نظر
فیض اثرش گذشته بود واکثر اوقات بهنگام کارفرمائیهای
پیشین ایام خاطر عاطرش بدان میلی داشت بر ساحل

قبول رسانید و خواست که انچه مراتب و مدارج عنایت
از طرف لازم الشرف اعیان حضرت شهنشاه
بر جیس کلاه مبذول حال ارادت اشتمال کافهٔ رعایا و عامهٔ
برایای این ملک می باشد و عموم رعایای این ملک بسبب
بی ارتباطی از حکام با احترام انگلستان ازان ناواقف و بی خبر
بوده اند انهمه مراتب کمال شفقت و غایت عنایت را
با اشفاق و اخلاق عادلانهٔ رئیسانه دلنشین و خاطر نشان ساکنان
این ملک فرماید و همچنین فرط خلوص دلی و اخلاص قلبی
رعایای جان نثار این دیار را نوعیکه به جمله احوال و اطوار بر روی
کار می آید بر مرأت خاطر مرحمت مظاهر حضرت شهنشاه
معدلت پناه و سائر اعیان آن سلطنت صاف صاف
مرتسم و منعکس بنماید تا وثوق ربط محبت چنانکه مابین شاه
رعیت نواز و رعایای جان باز می باید بی هیچگونه وسوسه و
اندیشه بجانبین حاصل باشد و ازین وثوق ارتباط کمال رفاه
و ترقی ملک که صلاح و فلاح رعایا منوط بر انست و هم عظمت

وقوت و نکونامی سلطنت را در چار دانگ جهان چون نور خورشید درخشان بتماشای دیده‌وران درآرد و نام نیکوی خود را از ین کارنمایان تا بقای لیل و نهار زیر فلک دوار بگذارد ورنه پیداست که بافضال خداوند بیهمال و یمن بخت و اقبال هیچگونه احتیاجش نبود که چنین سفر دور و دراز بلی ضرورت وآز برمیگزید نه ضرورت این جاه و معشیت و دولت و ریاست عارضی چند روزه اش بیش دولت و معشیت و ثروت اصلی دائمی آنجا بوده است و نه خوبی آب وهوا وگل وبهار و اعتدال لیل ونهار این مرز بوم نسبت بدیار شگفته بهار انگلستان چنان می باشد که باشتیاق آن بدین بهانه هوای تفرج وگلگشت این ملک بدل فیض منزلش جامی گرفت و نه قدر و منزلتیکه بدیار خودش حاصل بوده بدین خالی منصب افزایشی بران مترتب میتواند شد پس لامحاله جزانکه نوشتم امری دیگر متصور نمی تواند شد نازم بر خوش نصیبی جمله رعایای این ملک که افضال بیهمال خداوند ارحم الراحمین

به دفعهٔ متوجه احوال ملالت اشتمال ایشان گردید و چنین
سرداری ترحم شعاری را به فرمانروائی این خاکپاره برگزید
اکنون چرا آن الم و صدمات اندوه که بعد ناگهانی واقعهٔ جانکاه
عالی شان لارد میو بهادر بدلهای اعیان بل عموم سکان این
مملکت راه یافته بود و خواطر هر خرد و کلان ازان در گرو رنج
و عنا هردم می نمود از یمن قدوم میمنت لزوم چنین حاکم
عادل دریادل بکلی زائل نگردد بلکه بنعم البدل سرور نا
محصور مبدل نشود و انچه از نتیجهٔ تجربه کاریهای جناب
ممدوح که از بدایت ورود تا ایندم در اکثر امور بظهور
آمده و می آید همانا ثوق بر وثوق برنکو ایامی و فرخ فرجامی این
ملک و ملکیان می افزاید و یقین کامل است که بآبیاری مراحم
ربانهٔ این عادل زمانه باز این گلستان خزان دیده زود
روی بهار رفتهٔ خود را به بیند و هر گلچین بهارش به پر کردن دامن
و سبد از گلهای داد و مراد خورسند و کامیاب گردد هنوز
سر آغاز بهار حکومت و فرماندهی این نوشیروان زمان است

که دامان نظر ارباب هنر بگل چینی تماشای شگفتگی گلزار
بی‌نخار حسن انتظام وشادابی و سرسبزی گلستان بیخزان
اجرای سا قوانین و احکام از برای صلاح و فلاح هر خاص
و عام چنان بر گشته که عنان بالغ نظر باهم باند نظری
به مشاهدهٔ آن حیران می باشد آری اگر چنین بچمن تبدیل
بر خوانی روا باشد *

بیت

دامان نگه تنگ وگل فیض تو بسیار
گل چنین بهار تو زدامان گله دارد

اینک برخی از شواهد این حال و مصداق این مقال را برنگ
گلی از گلزار و نمونهٔ از خروار گوش گذار ستمعان باعز و وقار
این دیار می سازم تا به تصدیق دعاوی‌م پرداخته شکر چنین
محسن سراپا بذل وکرم را بر خود از جملهٔ واجبات
و مفترضات انگارند *

بخش سوم

در ذکر اجمالی بعضی محاسن انتظام و محامد
عدل و نظام که بعد ورود مسعود عالی جناب
معالی القاب ممدوح بدین مملکت هندوستان
صورت ظهور گرفته

از انست دفع فرمودن بارگران انکم تکس از گردن ناتوان رعایای هندوستان عموماً * این تکس پس از هنگام بلوای مفسدان تیره درون در اقصای این ملک بضرورت جاری گردیده بود و در بین ما بین گاهی کم شده و گاهی افزوده و در بعض سال گاهی مرتفع هم گشته مگر در تخمین هنگام اجرای آن به بعض مقامات از بد نظمی و کم بداری کارکنان و کوچک افسران به بیجا طلبی وغیره بر رعایای اینجا خیلی شاق آمده بود و دغدغهٔ افزایش هر روز بدلهای بیچاره

کم مایگان بلکه متوسطان نیز راهی پیدا کرده - چون از اصل وجوه کمی و بیشی آن بسا مردم آگاهی کماهی ندارند بسطری چند بیان آن می سازم انشاء الله تعالی اما الحمد لله که اکنون آن همه وبال ونکال بفضل قادر ذوالجلال وتوجه والطاف این حاکم نصفت خصال از سرها دور شد وترحم خسروانهٔ این حاکم عادل دریادل از زبان هرکه ومه بدایع نامحصور ممدوح ومشکور گردید نیکو یاد دارم که عالی جناب ممدوح بعد ورود درین شهر که رعایا وبرایای اینجا را بانواع اخلاق واشفاق بنواخته واظهار مراحم ومکارم بر احوال پرملال شان بتضمن کلام فیض نظام ساخته بود در همان زمان ناپسندی این تکس نیز که بظاهر جبری بر رعایا بود بزبان فیض بیان خود آورده بلکه بهمان نزدیکی تشفی خاطر رعایای ملهوف هم کرده بود تا بعد روزی چند همچنان قانون وارش جاری نمود - واضح باد که انکم تکس عبارت از مطالبهٔ زردست

بحساب سالانه آمدنی ذاتی هر شخص به هر نهجیکه باشد
و قبل ازین درین ملک چه جای اجرای آن بلکه احدی
از نامش هم اطلاع نمی داشت - الحاصل محاصل
گورنمنت درین مملکت دایماً از خراج زمین و محصول
نمک و مبلغ آمدنی از بند و بست افیون وغیره بوده
و چون این ملک بفراوان آبادانی و زرخیزی بانواع
کارزوائی مفرح الحال بوده مالک ملک را بوفور همان
آمدنی سه گانه افزایش هیچگونه مطالبهٔ نوازکیسهٔ رعایا
پیش نهاد خاطر عاطر نبود ولیکن چون بعد حدوث حادثه
ناگهانی سر بشورش بر داشتن فتنه انگیزان
بغاوت پیشه بهواستانی برخی از تیره بختان سپاه
و رعایا از هنود و بعض مسلمان صورتان در سال
پنجاه و هفتم از همین نوزده صد عیسوی بضرورت تعین
بالشکریان تازه بحراست ملک و رعایا و بپابی آوردن
گروه گروه سربازان سلحشور از ممالک انگلستان وگمیان

نمودن آنان باطراف وجوانب این دیار و فرستادن
جوق جوق سواران آزموده کار وتوپخانهای آتشبار دربلی
بپنج کنی باغیان بجنگ و پیکار و دیگر بسا گوناگون
مصارف دران ناممون آوان و نیز برهمی نظم مدات
تحصیل معمولی در بیشتر اضلاع واقطاع ملک تا عرصه
دوسال زر از خزانها بدر رفت و بجایش هرصبه
مصارف روز افزون رونمود آخر همین اسباب
مجبوری ارباب بست وکشاد مملکت را بگردآوری
زر بوجوه دیگر آماده ساخت چون از معلومات است
که محاصل خراج امری معین است وافزونی بران موجب
سراسر ظلم وستم ومحصول نمک که ازان امیر وفقیر
را از رعایا گزیر نیست افزایش درآنهم خالی از مضرت
نبود خصوصاً بر بیچارگان بی مایه که در شمار بیشتر اند وآمدنی
از بند وبست افیون که کمی وبیشی آن منوط بر فروخت
ممالک دیگر یعنی مملکت چین که بیرون از ید اختیار

اراکین این گورنمنت می باشد بنوعی سزاوار مدار
واعتبار درین کار نبود پس لامحاله باضافهٔ مدات جدید
ضرورت شدید دامی گشت تا در سال ۱۸۵۹ پنجاه و نهم
از برای اکتفای آن مصارف لابدیه دو چیز تجویز گردید
یکی لایسنس بر عموم اهالی حرفه دوم محصول بر اجناس بازرگانی
وانتظام ان با آنچه مناسب وقت باشد در اوائل سال مذکور
بدست عالی جناب جیمس ویلسن صاحب از ارباب
شورای محترم جامعهٔ قانونی سپردند صاحب موصوف قانون
اخذ همین اِنکم تکس چنین تجویز کرد که حالیا تا مدت پنج سال
انانکه آمدنی شان سالانه از بالای دو صد روپیه تا پنج صد برسد
هر صد دو روپیه بدهند وارباب آمد بالاتر بران هر صد چهار روپیه
دهند پس ازین سالها بر حسب رفع ضرورت کمی و بیشی
یا موقوفی می تواند شد و کسانیکه از اهالی حرفه از تکالیف
اِنکم تکس خارج باشند لایسنس مناسب حال خود ادا نمایند
واین قانون مصالح مشکون را باجرا درآورد سال مذکور

بپایان رسید و بسال دو شش یعنی ۱۸۶۰ عیسوی خودش دست از جمله کاروبار دنیوی کشید و رهگرای عالم دیگر گردید عالی جناب سیمویلس لینگ صاحب بعد ازان ذمه دار این کار شد و بسال شصت و سوم عیسوی بعض تغیر و تبدیل نیز به کمی و بیشی در محصول چیزهای تجارت نمود و در خصوص انکم تکس چنین قرار داد که چون بفراهم آوری زر تکس مذکور از کسان پائین طبقه صرف کثیر میگردد ازین کوه کندن و کاه برآوردن نفعی که سودمند باشد عائد نیست نظر بران کسان آن طبقه را یکباره ازان تکس رهائی بخشید * در سال شصت و دوم عالی جناب سرچارلس تریولین بهادر دران جامهٔ قانونی ممبرین خدمت منصوب گشت و تا سه سال بران مقرر بوده آئین مجریه را باندک کمی مقدار برقرار داشت و در سال شصت و پنجم که پنج ساله وعده ادای ان سپری گشت ممدوح صاحب بازانرا جایز نداشته بجایش

مقدارهای مناسب بر اجناس دیگر افزود اما این معنی خلاف آرای حکام والا مقام انگلستان گردید - اکنون دو سه جملهٔ مختصر علاوه مضمون مبحوث هذه صرف متعلق بذات عالیجناب سرچالس موصوف برای دریافت مطالعه فرمایان این اوراق می نگارم - هنوز بر آئینهٔ دلهای واقفان اوضاع روزگار و سبز فرمایان ریاض همیشه بهار صفحات اخبار سایه افگن بوده باشد که همین عالی جناب سرچارلس بهادر چند سال پیش از تقرر بدین منصب که نشستن چندی بصوبهٔ مدراس بمسند پایگاه گورنری با همه اخلاق و دادگستری و تمامتر نیکنامی و خوش انتظامی کارفرما بوده و بعطای خطاب و تمغای دوم درجهٔ اسطار آف انڈیا علم بلند نامی برافراشته حینیکه حکم اجرای قانون انکم تکس در سائر بلاد و اقطار هندوستان رسید عالی جناب موصوف اجرای آنرا که خالی از گونه شائبه جبر نسبت بحال رعایای ملک نبود ناپسند فرمود و دلائل ناپسندی

آن بوجهیکه مناسب دانست نوشت اما پذیرا نشدند تا
آنکه ایام رخصت وی ازان منصب قریب بود تشدد
به بحث و تکرار آن نه فرمود و برحسب دستور ترک منصب
گفت و راه وطن مالوف گرفت - نیرنگی فلک حقه باز
تماشا کردنیست که جناب وی را در آن بلاد جز چند ایام نگذشته
بود که بتعالی پایهٔ ممبری سوپریم کونسل از انگلستان
منصوب شد و همان سر رشتهٔ نظم و گردآوری زر
انکم تکس وغیره را ناسه سال متکفل ماند و هرگونه
کوششها در آن که مناسب منصبش بود از رای و قلم
خود فرمود انتهی * آمدیم بمطلب خود در سال شصت
و پنجم مذکور عالی جناب رایت آنربل ڈبلیو ان میسي
از ارباب جلسه قانونی مذکوره بدان کار و خدمت
مامور گشت و بکمی و بیشی اندک در لایسنس بر اهالی
حرفه و محصول بر اجناس تجارت کار انکم تکس بر آورد
بعهد خود هرگز التفاتی باجرای انکم تکس نکرد عالی جناب

مربچرد تمپل بهادر که در هشتمین سال بر شصت عیسوی
سررشته نظم این مهم اهم بکف اقتدار خود گرفت
لایسنس را موقوف ساخته بجایش سرطیفکط تکس
مقرر نمود و بعد یک سال بموقوفی این تکس تازه باز همان
انکم تکس اولین را بقرار داد سه صد یکروپیه تجویز
فرمود و پس ازان در سال ۱۸۷۰ هفتاد عیسوی آنمقدار
را دو چند یعنی هر صد دو روپیه مقرر و جاری ساخت *
این بود ملخص تر احوال اصل بناو اجرای انکم تکس مذکور
وتبدیل و تغییر مقادیر آن بهر زمان تا هنگام موقوفی
و اختتام و تفصیل سائر کیفیت و جزئیات آن در دفاتر قانون
و اخبار نامها و گورنمنت گزیت آن ازمنه و ایام بتشریح
و توضیح تمام می توان دریافت *

وازان است مزید توجه و سعی عالیجناب ممدوح
در اشاعت و ترقی علوم و تعلیم و آموزش هنرهای
منفعت انگیز- ازیاد بزرگان نرفته باشد که بماه مارچ سال

هیجده صد و هفتاد دوم عیسوی در اجلاس ایوان یونیورسطی کالیج یعنی بزرگتر آموزشگاه اعلی طبقات متعلقین بآن تمام گورنمنت واقع دارالامارت کلکته عالیجناب معلی القاب ممدوح بر کرسی صدارت رونق افروز گشته بعد معاینهٔ حالات آنجا و شنیدن رپورت یعنی روداد نامهٔ اجرای رویهٔ تعلیم و ترقیات گذشته زمان و کیفیت آموزش آموزندگان و دیگر متعلقات آن تقریری بلیغ درانخصوص فرمود و در پایان آن درخصوص ترقیات مسلمان طایفهٔ این دیار و فواید بیحد و شمار آن که نسبت بایشان عاید شدنی است ایمای خاص مرحمت اختصاص بانهایت اشتیاق و غایت کرم و اخلاق نمود راقم نقال ترجمهٔ آن تقریر دلپذیر را بسبب غایت اشتهار در جراید اخبار اینجا قلم انداز نمود تا طوالت موجب ملالت نگردد عالیجناب ممدوح اندرین خصوص باکثر صحبت ها تذکرهٔ این گزین امر باعلما و عمائد هر مات و کیش هندوستان بمیان آورده توجه قلبی خود در ان چنان ظاهر فرمود که بدلهای

ایشان نیز از ان شوقی و رغبتی تمامتر پدید آمد و از اینجا است که بهمین یک دو سال گذشته از برای رعایازادگان اضلاع واکنه دور دست عموما و مسلمان زادگان کم مایه خصوصا که سفر و اقامت ایشان بدین شهر خالی از دشواریها نمی باشد تا به تعلیمگاهای اینجا باهمه مایحتاج به تحصیل علوم چه توانند پرداخت بفرخ عهدش بنای بس آموزشگاهای کوچک و بزرگ جابجا در قصبات و شهرهای این طرف دیار از سر نو انداختند و آموزگاران ذی علم و استعداد علوم عربی و پارسی و انگریزی وغیره مروجهٔ خاص هر دیار را بمواجب بیشقرار بکثرت و افزونیها مقرر و منصوب ساختند و تقرر پرنسپلان فائق و انسپکتران لایق یعنی افسران ذی علم کامل البضاعت و نائبان صاحب استعداد از هر قوم و فرقه هم برای دیده بانی مدارس وهم از برای تعلیم فرازین طبقات طلبهٔ آنجا درونی انتظام و تدارک رویهٔ درس و تقرر فنون و کتب و تبدیل آن همه بروفق مصالح مکان و زمان

علاوه آن همه برایشان در بعض جاها افزون گردید تا آنکه عالیجناب ممدوح بجاهای مناسب از جیب خاص خود هم مزید تأیید درین خصوص فرمود چنانچه در سوسیٹی علیگڈه برای تعلیم اطفال مسلمانان مبلغ ده هزار روپیه از جیب خاص فیض اختصاص عنایت کرد ونیز بنیاد عمارت رفیعه یونیورسٹی به مقام کلکته از دست خاص خود بنهاد *

واز انست عموماً مراعات حرمت وپاسداری عزت واحترام رئیسان بانام ونشان این دیار که از قدیم بعلو خاندان وریاست وشان ممتاز ومحترم بوده اند باظهار انواع عنایت واشفاق وقدر افزائی واخلاق نه بظاهر حال ومقال بلکه به بسا امداد ودستگیری بعضی افتادگان از ایشان بلحاظ حقوق قدیمه وخصوصیات پیشینه وغایت رادگوهری وفتوت وبلند حوصلگی ومروت - پیدا است که زمانهٔ غدار وچرخ دوار همیشه با هریکی بریک وتیره مساعد می باشد احوال پیشین خداوندان سلطنت

و فرماندهان برتر مرتبت مبابن صریح اینحال است ظاهر است که اکثری از ایشان بحدوث انواع حوادث ناگزیر اسباب چند در چند رفته رفته از مراتب پیشین خود به پائین ترین مراتب فرود آمدند و نتوانستند که مایه و مداخل را از دست برد قصور و فتور در پی افتاده نگاهدارند و همچنین در بعض خانوادها بافزایش اولاد و ارباب استحقاق مخارج بیش گردید و مداخل کم پس آن همه رونق و جمعیت یکسر رو بکمی آورد و آثار شکست در نظم کار رونمود تا شده شده بسهل انگاری آن خانه خدایان و کارکنان بد انتظام مدار کار بگرفتن وام بروام رسید و ازینکه مهاجنان به معاینه شدت احتیاج چنین حاجتمندان بمقدار معین سود را باضعاف مضاعف افزودند و قرضهای سود بر سود را علاوهٔ آن زیاده نمودند تا به مرور زمان وهم بی پروائیهای مالکان و شکم پروری پیشدستان به بعض جاها کار بدادرگاه تا کم وقت رسید چنانچه الحال بوقوع بعض امور

از ذات والای صاحب کهنه ریاست با عزت و ثروت نواب عالی القاب ناظم سواد مرشداباد به فتورات و خرابیها که پیش آمد نباید اگر عالیجناب نواب و بسرای بهادر بدفع آن همه مفاسد و خرابیها که از غفلت و بی پروایی صاحب ریاست ممدوح پیدا و هویدا شده بود توجه خاص مبذول نمی فرمود معلوم نیست که انجام کار آنهمه خرابیها تا بکجا می کشید لازم بر کمال شفقت و عاطفت بشاهانه عالیجناب و یسرای ممدوح که به مجرد خبر ازدیاد و ازدحام مقدمات قرضه آن ریاست اکت ۱۷ سنه ۱۸۷۳ ع از راه کمال معدلت پروهی و نصفت شعاری جاری فرموده محکمه خاص برای تصفیه جمله مقدمات قرضه به تقرر سه کمشنران معتمد گورنمنت عالی مقرر نموده مستر بفورت و جنرل باروو صاحب و این عاجز راقم سطور برای این محکمه بحکم فیض شیم عالیجناب و یسرای ممدوح و صوابدید ارباب کونسل چیده و برگزیده شدند و اشتهاری بحکم حاضر

شدن جمله قرضخواهان، اندرون میعاد معینه شش ماه
از طرف کمشنران نافذ گردید تحقیق و تنقیح دعاوی جمله
قرضخواهان تا مدت قریب دو سال جاری ماند آخر به تحقیق
حقیق و اتفاق آرای هر سه کمشنران از مقدار قرضه جمله
قرضخواهان این ملک که تعدادش [illegible] بود
صرف [illegible] واجب الادا برآمد و بابت
قرضخواهان لندن [illegible] پوند ثابت شد چنانچه مقدار
مجوزه کمشنران منظور سرکار دولت مدار گردید و انتظام
حراست جواهرخانه مرشداباد به تجویز هر سه کمشنران بدین
عنوان قرار یافت که اول معاینه جمله جواهرات کردند
سپس هرقدر جواهرات که متعلق ریاست آنجا بود یعنی
از پشتها پشت در روسای آنجا منتقل گردیده تا رئیس
حال رسیده بود آنرا علاحده و جواهرات خرید کرده
ذاتی رئیس حال را علاحده شمار و اعتبار نموده هردو
اقسام را جدا جدا بنجف اکبر رئیس ممدوح بسپردند

و همچنین جایداد موروثی قدیمی را نیز از جایداد خرید کرده ذات خاص رئیس ممیز نمودند و مانند جواهرات مخلف کلان ممدوح تخو یلقس کردند و انتظامی مناسب درخصوص تقناریب عروسیهای دختران رئیس ممدوح نیز تجویز نمودند *

و ازانست صرف توجه خاص رافت اختصاص درباره سرانجام تقناریب عروسی شاهزادیان عفت و عظمت نشان حضرت بادشاه جمجاه اود که صرف بر وفق تحریک و استدعای راقم آثم لحاظ بر خصوصیت حضرت بادشاه جمجاه و روابط اتحاد قدیمانه سرکار دولت قرار بادودمان والاشان سلطنت اوده فرموده مبلغ ده ده هزار روپیه برای سرانجام تقریب عروسی هریک دختر بلنداختر حضرت بادشاه جمجاه تجویز فرمودند چنانچه بموجب این تجویز برای سرانجام عروسی دوازده دختران عفت و عظمت نشان حضرت بادشاه جمجاه که درین وقت بسن بلوغ رسیده بودند

مبلغ یک لکهه و بست هزار روپیه از سرکار گورنمنت عنایت گردید و آینده برای تقفار سبب دیگر دختران عفت وعظمت نشان بر وقت بلوغ شان نیز بهمین آئین اعانت مصارف از سرکار دولت قرار بمنصه ظهور خواهد رسید *

و ازانست امن از بلای جانگزای قحط بمیامن حسن توجهات آن والاصفات - احوال کیوف انچه از مصایب و شداید در ایام قحط سال هیجده صد و هفتاد و چار عیسوی بروی کار آمده بلکه از آخر سال ماقبل آن به بعض شرقی حدود هندوستان روداده و نیز انچه تدابیر و صوابدیدهای حکام بالا دست برای دفع مصایب و نوایب و حصول رفاه بحت و هدایتهای ایشان بر کسان ماتحت از نیکو اهتمام و خبرگیری و زردی و نیز فکر بهای حضور فیض معمور امیر الامرای گرامی شان لارڈ ببیرن نارتهه بروک نایب السلطنت و گورنر جنرل بهادر هندوستان و هم از مصالح اندیش

و معدلت کیشی و امان جوئی و صلاحگوئیهای عالیجناب سر
جارج کیمبل لفتننت گورنر سابق و معلی القاب سر ریچرڈ
تیمبل بهادر که اکنون بر کرسی لفتننت گورنری این
کشور بسان مهر ظلمت سوز رونق افروز بوده است دران
هنگام مصیبت فرجام در سلامت و امن بروی گرسنگان
از جان سیر بکشاده اگر به تفصیل بر نگارم دشوار است
که درین وجیزه فراهم کنم و مقاصد عالیه که بیان آن مد نظر
است از تنگی اوقات و هجوم کمال اشغال می ترسم که
ازان باز مانده باشم لهذا بر خلاصهٔ آن حال آشوب اشتمال
و بعض کیفیت کارروائی آن زمان و حصول امن و آسودگیهای
رعایای خسته جان بیامن توجهات و حزم و عجلات اراکین
با تمکین سلطنت بالا مراعات ترتیب کارروائی و رپورتهای
حکام اضلاع و دیگر امور متعلق آن حال سطری چند علی
وجه الاجمال بر می نگارم *

فراباد خاطر اصحاب خبرت و فراست بوده باشد که در اواخر

هجده صد و هفتاد و سه عیسوی بسبب کمی پیدایش غلجات
که از قصور باران و بعض جابه فقدان آن خواه بدیگر وجوه
نقصان پدید آمده بود اول در چیده چیده مقامات دربهنگه
و ضلع ترهت و بعد ازان بعلاقهٔ بهار و بعض مقامات پتنه
و نواح شمالی بنگاله و قرب وجوار کلکته وغیره نرخ
غلجات کم کم رو بگرانی نهاد اهالی تجارت ممالک دور دست
بوادید روز افزونی گرانی در خریدار بها افزایش وزودی
بکار بردند چون آمدنی غله درین شهر کلکته که مرجع اطراف
و معدن تجارت اکناف است بفتور افتاد و افزونی نرخ هر روز
از نسبت دی بالا رفت بمقامات چند آثار کم یابی که همان
علامت قحط سالی بود نمایان شد اکثری از اوساط مردم
و کم مایگان هراسان گشتند و بقالان بحرص نفع در فکر گردآوری
اجناس غله وجنس آن شدند حکام اضلاع درین مخصوص
رپورت ها فرستادند و اندازهٔ وجود غله و صرف یومیه را
با دیگر کیفیت های بر مقام بگورنمنت وا نمودند و الاشان

معلی القاب نائب السلطنت که بکوه شمله بود هیچگونه ضرورت تشریف آوری باینجا نداشت بلکه بسبب ایام گرما تشریف آوری عالیجناب ممدوح درانوقت خالی از اندیشه ضرر نمی نمود بمجرد اطلاع این احوال پرملال بواسطهٔ دسمبر ماه دفعة رونق افزای کلکته گردید و سپس کنکاش و صوابدیدهای عالیجناب سر جارج کیمبل لفتننت گورنر بهادر حدود بنگاله را بخبرگیری خلق خدا و تدارک دفع آن بلا هدایتها فرمود ولیکن چون ایام ترک منصب و رفتن آن والاشان بانگلستان قریب تر بود و نوبت کرسی نشینی دانش آگاه عالیجناب سر ریچرد تیمپل بهادر بدان عالی منصب بعجلت تمامتر پیش نظر می نمود عالیجناب سر ریچرد تیمپل بهادر را خاصة برای سرانجام این کار اختیار فرمود و نیز بر تقدیر ضرورت این هر دو حاکم بالادست را برفتن مقاماتیکه مناسب نماید ایماکرد و بدیگر تدابیر سود پذیر مناسب وقت هم کلکته و هم به مقامات

پرداخته بعد حصول اطمینان باز رهگرای کوه شمله گردید *

الغرض بر وفق رای فیض انتمای عالیجناب فیضماب ممدوح انجمن های کنگاش درین خصوص منعقد نموده آمد تا اینکه باوایل فبروری ماه سال هفتاد و چهارم بزرگ انجمنی در ایوان توئنهال کلکته از حکام گرامی طبقه و تاجران و امرا و زمینداران و دیگر بسا اشخاص ذی اختصاص از هر مات و پایه حسن انعقاد یافت معلی القاب مرحمت انتساب نائب السلطنت بهادر صدر انجمن یعنی صاحب الامر آن کمیتی گردید بسا حضرات از حاضرین تقریرهای شایسته و تجویزهای بایسته در باب تائید و اعانت بمقامات قحط از عطای زر نقد و حسن تدابیر فراهم آوری اجناس غلجات و رسانیدن به حاجتمندان با دیگر لوازم آن نمودند تا بمیامن توجهات حضرت صدر و سعی ممبران رفیع القدر همگنان تن با مادگی در دادند و بهمان جلسه مبلغی سنگین بعطیه دستخط فرمودند و اهالی این انجمن فلاح نشیمن

دو انجمن دیگر مقرر نمودند یکی انجمن خاص بنام یگزیکیتو کمیتی بصدارت عالیجناب شاک صاحب با دیگر بزرگان اهالی آن • دویم انجمن عام بنام سنترل ریلیو کمیتی که از عمائد و فلاح جویان قوم و کیش بسا ممبران این انجمن معین شدند راقم هیچمیرز نیز دران هردو کمیتی ممبر بود در اوقات جمع و شورای بتدارک و صوابدید و اظهار رای وغیره بر وفق آگاهی و تجربه و دریافت خود از مقبلات تائید و اشتراک هردو انجمن فیض موطن می نمود امرای ذی حوصله و زمینداران و رئیسان این ممالکت و بسا دولت مندان و تجاران انگلند بهرگونه تائید از عطای زر و انحای دیگر کمر همت چست بربستند و مبالغی خطیر علاوهٔ گوناگون اعانت و تدابیر از خزینهٔ گورنمنت نیز مرحمت گردید بسی از مایه وران رادمنش بران عطیه بس نه نموده مبالغی تا بقای این مصیبت جانگزا بطریق ماهوار نیز افزودند غرض از حکام و رعایا ادنی و اعلی هریکی باندازهٔ خود

در این مهم اهم سعی جمیل کردی و بدفع این بلای هوش ربا
بدل پرداخته دولت ناموری دارین بدست آوردی اهالی
هر ضلع و مقام کمیتهای جداگانه بهدایت حکام بانه نام اینجا
از ارباب مناصب و رعایا مرتب کردند و بهرگونه امداد
و اعانتها کوشیدند از حسن تدابیر معلی القاب نائب
السلطنت بهادر و نواب لفتننت گورنر بهادر از بسا
مقامات دور دور که غله در انجاها بسیار و ارزان بود بزودی خرید
کرده لکهامن بر جهاز بار شده بجاهائیکه خواهش بوده جلد جلد
میرسید از علاقه رنگون و مدراس و دیگر هر جائیکه جنس
غله یافتند آوردند و باعث امن و بقای حیات کرور اندر کرور
مخلوقات گشته گوی نکونامی دارین بردند به مقام باره علاقه
پتنه که وطن راقم اثم است در زیر آن دریای گنگ جاریست
جهاز دخانی از برای عبور بسته های غله ازین طرف
به آنرو که از انجا راه مقامات دربهنگه وغیره جاهای قحط
رسیده می باشد مقرر کردند و از برای سرعت و عجلت

راه ریل مخصوص برای غله رسانی بهر دو سوی دریا بسرعت و عجالت بسیار تیار کنانیدند چنانچه ریل که بمقام باره برای همین کار تیار شده بعض زمین از زمینداری حقیر است بخششی تمام زمین بقدر حاجت اجرای ریل بلا قیمت دادم و عزیزان و کارپردازان خود را دران علاقه از برای تقسیم قوت خام و پخته و دیگر انواع اعانت بطریق مزد و محنت جا بجا متعین کردم و فرستادم و همچنین بسا عمائد بمقامات خودها جهت تدارک دفع آن بلا می کوشیدند و طعام پخته و خام روزانه بصدها غربا می بخشیدند سوای این همه نیکو تدابیر و حسن انتظام تمام که از برای تقسیم قوت بضعفای ناکام از اراکین با تمکین سلطنت بچندین طرز شایسته باوقات بایسته برروی کار آمد انواع مراعات دیگر از اجرای مزدوری های اقسام مکاسب و اشغال برعایت و آسانی کمال موجب دستیابی قوت لا بدی یومیه بهزاران هزار بی مایگان زار دران وقت گردید در علاقهٔ خاص گورنمنت

قریب به نود هزار مزدور کما بیش به چند اضلاع سارن
و چنپارن و ترهت و دیناجپور و مونگیر و بهاگلپور
و پرنیه متعلق گشته رزق ضروری هر روز می یافتند و
بسا زمیداران و ده خدایان مبلغها از خزینهٔ سرکار
والا اعتبار بطریق وام بغیر کدام نفع صرف بهمین رعایت
عنایت گردید تا تالابها و چاهها وغیره از مزدوران درست
کنانند و کم کم باقساط آن زر را ادا نموده باشند لکها نفوس
بدین وسیلهٔ جمیله دران ایام پر مخمصه باب نان رسیدند
و روی زندگانی دیدند غایت رعایت اراکین مرحمت آئین
سلطنت ملاحظه کردنیست که دران ایام صعوبت انضمام
که لکها مبلغ از کیسهٔ گورنمنت محض بغرض امان بخشی
خلق خدا ازین بلای جانگزا بهر ماه بلکه بهر هفته بیرون می شد
مرحمت دستگاه معلی القاب نایب السلطنت بهادر
باجلاس کونسل حاکمان اضلاع را چنین هدایت فرمود
که تا بقای شدت این الم جانسوز تحصیلداران مالی یعنی

دکانداران و امثال شان در مطالبه زر سرکار نشده آئینی هرگز بکار نه برند تا از زمینداران و تعلق داران سختگیری بر رعایا و مزارعان بوقوع نه آید و مزید بران آن بود که زمینداران را از برای اعانت رعایای محتاج ایشان بقدر ضرورت زر نقد هم از خزانه شاهی قرضه میدادند که بر رعای علاقه خود ها تقسیم کنند و باقساط در از کم بلا هیچگونه سود وصول سازند و بطلب و تقاضای افزون از حد طاقت و لیاقت آنها هرگز نپردازند و سوای این همه تائیدات دیگر بساگونه رعایات و احسانات است که به بذل توجهات حاکمانه بالادست سرداران این سلطنت با عز و شوکت در حفظ مراتب امن و عافیت وقتاً فوقتاً بهر مقامی که مفید افتاد دریغ ازان هرگز نرفت معلی القاب نایب السلطنت بهادر هر آن بذات خاص فیض اختصاص خبر از کس و ناکس بذریعه حکام ماتحت میگرفتند حق اینست که شدت این بلای ناگهانی بسخت ترین صورت به کسی نرسید

و به نهایت آسانی ما یحتاج ضروری یا سامان خسته جان نصیب میگردید هزاران کس از هر قوم با هتمام آن جا بجا مقرر بودند وانجام کار هر وقت بر وقت می نمودند و بستر ازین عالی جناب معلی القاب ممدوح بذات خاص مراحم اختصاص برای معاینهٔ مقامات قحط و ملاحظهٔ احوال رعایای آنجا تشریف قدوم ارزانی داشت هنگام معاودت از طرف دربهنگا وقتیکه اقدام میمنت التیام بر سر زمین باڑه سود و حقیر حاضر آنجا بود به نیکو اخلاق رئیسانه سرافتخارم را بلند فرمود رعایای علاقهٔ آنجا و قرب و جوار آن گروه گروه از هر کیش و طبقه بشکر گذاری حاکم مرحمت شیم گرد آمدند و سپاسنامهٔ بذریعهٔ راقم اوراق بگذرانیدند و از کلمات عطوفت آیات عالیجناب ممدوح بعنایت ممنون و خوشدل گشتند راقم آثم که از ابتدا وانتهای جمله احوال و کیوف این واقعهٔ غم اندوز زندگی سوز و هرگونه حسن تدابیر حکام بلند مقام دامن بخشی و مراعات و خبرگیری و آزوقه رسانی و دادگستری اهالی این سلطنت

باندنام و دیگر آنچه از لوازم وقت رو داده و بتلاطم گونهای
هر انجمن و کمیتی و امداد و تدارک پیها امور چه بمقامات
منفصل وچه بحضور فیض معمور اتفاق شراکتم افتاده وقوف
و آگاهی کماهی میداشتم و از هر گونه فراهمی مبالغ عطیه در
هر مقام چه از کسان هر طبقه و چه از گورنمنت و حکام باندنام
و کیفیت صرف و انتظام و سرعت تدارک و گوناگون
تدابیر د اهتمام باقصی غایت مطلع می بودم از ته دل بملا
طرفداری شکرگذار و ثناخوان معلی القاب عالیجناب ممدوح
هستم بانکه جمهور ارباب نصفت که دران زمان تفحص
بدان امر نموده اند سپاسگذار بهای مراحم رئیسانهٔ
عالیجناب ممدوح بمانا همزبان و همداستانم بوده اند و نیز
ما همکنان بی غایهٔ ریب مداح هر دو سردار اولوالعزم
با وقار اعنی سر جارج کیمبل بهادر و سر ریچرد
تمپل بهادر میباشیم که توجهات و کوششهای این
هر دو اراکین با تمکین و مزید تاکید هر دو صاحبان عالیشان

بر حکام ماتحت به چشم سر نیکو دیده ایم *

اینجا سخنی شگفت افزا بخاطرم آمد و آن اینکه کسان چند انصاف دشمن خود پسند بیصرفه سرا اعتراضها برین انتظام کرده اند که چندین اهتمام که درین امر بکار آمده فضول بود و صرف بسیار بیش از ضرورت به عجلت تدبیر قبل از وقت که کرده شد اسرافها بمصارف رو نمود اکنون دانش پژوهان عاقبت اندیش و تجربه کاران نصفت کیش نیکو به میزان خرد می توانند سنجید که این معترضان چه سرایند و از امر بدیهی انکار چگونه می نمایند آیا حزم و احتیاط از اقتضای دانش و خرد نیست یا از داب ارباب بست و کشاد سلطنت نمی باشد فرض کردم که اگر سردار ذی تبار عالیجناب نائب السلطنت بذات خاص خود چندین دیده بانی نفرمودی و این قدر عجلت باماده‌گی اسباب و سامان و فراهمی و ارسال آن جا بجا بکار نبردی ممکن بود که آهسته آهسته تدابیر آن هنگام ضرورت از حکام ماتحت به عمل آمدی

ولیکن تا آنکه انباری از غله بمقامی بهم رسد و دست - تقسیم دراز گردد هزاران مخلوقات از شدت الم فاقه تن از جان تهی می کردند و بیقین بل عین الیقین است که اگر چنین پیش تدبیری و حسن اهتمام و انتظام در ابتدای ایام بکار نیامدی و هر یکی از بزرگ ارکان دولت بذاتهای خاص عاطفت اختصاص صرف توجهات نفرمودی هر اینه روی آسانی بکنار باشد زندگانی ها گران ● نی نمودی و آخر وقت چنان خرابی ها تعاقب می نمود که دفع آن بده چند تدابیر پیش ازان خلاف امکان می بود این کسان معترض از دو حال بیرون نمی باشند یا خود بسایر کیفیت. و جمله عنوان اصلاح و کار روائی آن نرسیده اند و جهالت ازان دارند و یا دانسته چشم انصاف پوشیده اند و نابینایانه قدمی براه اعتساف می گذارند از بدگوئی تنی چند ناعاقبت بین چشم زخمی براست کاران و عالی همتان نیکو آئین نتواند رسید که گفته اند

گرنه بیند بروز شپره چشم * چشمهٔ آفتاب را چه گناه

این همه گرانی و ترس تا اواسط سال ۱۸۷۴ یکهزار و هشتصد و هفتاد و چار عیسوی بود که بعنایت ایزد منان بارش باران آمان بخش فسردگان رونمود و جمله کدورتهای غم و الم را از دلهای بندگان خسته جان بیک سیل رحمت دافع رنج و زحمت پاک ربود *

● ذکر سلطنت یارقند

و انعقاد عهد نامه فیمابین آن دولت و دولت علیه انگلشیه برای کشایش ابواب تجارت مابین هند و یارقند

و هم از آنست که بحسن توجه و التفات جناب ممدوح عالیدرجات راه و رسم محبت و وداد و تواحد و اتحاد مابین سلطنت علیهٔ برطانیه و دولت یارقند بوجه خاطر پسند جاری گردید و انعقاد عهد نامه موثق از برای اجرای ابواب تجارت میان این هر دو سلطنت به بهین آئین بر منصهٔ ظهور رسید کیفیت این ماجرا را یابندی از حالات آن ریاست

با سیاست برای ملاحظهٔ سمعان والا شان برمی گذارم *

مخفی مباد که والی عالی این ریاست مشهور به لقب امیر اتالیق غازی است دار السلطنت ایشان شهر یارقند است حدود ریاست ایشان از جانب جنوب محاذی به ملک تبت ولداخ است و جانب شمال و مغرب ملک روس و سمت مشرق ممالک چین واقع وسعت آن ملک مقابل سلطنت فرانس است و تعداد ساکنان آن شهر مقدار هفتاد و پنجهزار و قلعه آن نو ساخته در عرض و طول مقدار یکهزار درع است داخل قلعه مذکور قریب پنجهزار مردم می باشند پس جمله تعداد مردمان شهر یارقند باین اعتبار هشتاد هزار می شود انتظام درس و تدریس درین سلطنت به همین آئین است گو اصل مادهٔ علم فی الحال در انجا قائم دارد هرجا مسجد است بودن یک مدرسه مشمول آن دستورات ضروریهٔ این دولت با عز و صولت می باشد داخل انجا مبنی بر چنین ائین است که بعد از تمام

شدن یکسال از هر صوبه حاکمان اجناس پیداوار آنجا را چه
از قسم غله و ملبوسات و معدنیات مثل سرب و آهن
و غیره چه از قسم زر و نقره و غیره بر صدها شتر و اسپ
خروار خروار بار کرده بحضور امیر صاحب حاضر می آرند و آن همه
اجناس را در خزانه امیر صاحب داخل می نمایند و هم دران زمان
والی آنجا کیفیت کاروائی حکومت و کارگزاری هر حاکم را بدل متوجه
شده استماع میفرماید اگر کسی بر احدی از حکام دکار فرمایان
استغاثه ظلم و تعدی و بیخبری بحضور امیر صاحب پیش
می سازد امیر صاحب فی الفور بتدارک واقعی آن می پردازد
و اگر احیانا در مقدمهٔ تلوث حاکم بجرم ثابت میگردد حاکم
مذکور را در حال بکیفر کردار ناسزاوار می رساند
الغرض در همه امور نظم و نسق و عدل و انصاف
بریاست امیر صاحب ترقی های روز بروز پیدا و هویدا است
قبل از رفتن رابرت شا صاحب بریاست مذکور هیچ کسی
چه هندی و چه فرنگی از چنین کیفیت تهذیبهای آنجا که در سفرنامهٔ

صاحب موصوف درج است اطلاع نداشته بود از زمانیکه صاحب مسطور بحضور امیر صاحب رفته عظمت و شوکت و وداد و اتحاد هردو دولت بانصوصات عثمانیه و برطانیه را ذکر نمود در دل امیر صاحب اشتیاق تام پیدا گشت که فیمابین سلطنت انگلشیه و ریاست باصباست یارقند سلسلهٔ مراسم ربط و اتحاد جاری کرده آید چنانچه در ملاقات اول بادشاه صاحب فرمود که نواب گورنر جنرل شما شخص بسیار عالی وقار است به مقابله ایشان من یک مرد حقیر ام صاحب موصوف جواب آن چنین داد که ملکهٔ معظمه آقای ولی النعم نواب گورنر جنرل بهادر است عزت جناب شان از همه بالاتر است پس لازم است که بنای محبت و اتحاد با سرکار گورنمنت برطانیه مستحکم فرمایند درمیان دوستداران عرف خردی و بزرگی هرگز نمی باشد و نیز صاحب موصوف به امیر صاحب گفت که بودن سلطنت جناب شما از مدت شش سال بمرح و افتخار زیاده تر سزاوار

است چرا که صرف بزور بازوی خود مثل سکندر و تیمور ملکها را
فتح نموده آید تا زمان قیام صاحب موصوف چند بار امیر صاحب
ملاقات با ایشان کرد و در هر ملاقات ذکر احوال سلطنت برطانیه
به میان آورد و نیز هر بار صلاح های مفید ترقی ملک از صاحب
موصوف می پرسید صاحب بجواب می گفت که من مرد سیاح
هستم حسب اجازت بخدمت والای جناب شما آمده اگر
سفیری از اینجا به ملک هند روانه می فرمایید البته از داب و
قاعدهٔ دربار ذی افتخار سلطنت برطانیه آن سفیر
باعز و جاه را بخوبی واقف و آگاه خواهم نمود حینیکه صاحب
از خدمت امیر صاحب رخصت می شد امیر صاحب فرمود
که یک سید جانان را برای عهدهٔ سفارت در ذهن
خود معین کرده ام مگر چونکه اسباب تحائف برای
لارد گورنر جنرل بهادر و جناب ملکهٔ معظمه هنوز بخوبی
مهیا نشده است سفیر مذکور را همراه شما نمی فرستم
[illegible]حال در سنه ۱۸۷۲ ع عهد گورنری لارد میو

سید یعقوب خان که هم نام و خواهر زادهٔ با احترام امیر صاحب والا مقام است بعهدهٔ سفارت مقرر گشته مع خریطهٔ محبت نامه واسباب تحائف وارد دار السلطنت کلکته گردید وبا نواب گورنر جنرل بهادر ممدوح ملاقات کرده مابین هر دو دولت بنیاد مراسم ربط واتحاد بنهاد لیکن آن همه مراسم ربط واتحاد هر دو دولت بانند بنیاد هنوز ناکمال بود تکمیل واستحکام تمام انهمه روابط محبت ونیز انعقاد عهد نامهٔ مفید میان هر دو سلطنت با عز وشوکت در سنه ۱۸۷۳ع بتوجه و اهتمام حضرت ممدوح بانند نام بظهور رسید که عالیجناب فیضمآب ممدوح از جانب دولت انگلشیه سر فورسایتهه صاحب را سفیر مقرر فرمود آن سفیر سراپا توقیر بایک مراسله از طرف لازم الشرف علیا جناب معلی القاب ملکهٔ معظمه که حامل آن سر جنت دائیق صاحب بهادر بود ومراسله دیگر خود از جانب جناب فیضمآب

لارد صاحب ممدوح که حاملش حولدار بااعتبار گل احمد بوده طرف یارقند فرستاده آمد کرنل گاردن و ڈاکتر استولیزکا و کپتان بدلف نیز همراه رکاب سفیر باتوقیر بودند الغرض این جمله معتبران سرکار دولتمدار بابسیاری از خدم وحشم براه کشمیر ولداخ داخل ملک یارقند گردیدند مراتب مهمانداری های سفیر باتوقیر مع دیگر جمله همراهیان و ملازمان از حین ورود تا زمان مراجعت شان از جانب امیر صاحب به نهجی مودا شد که این جمله معتبران سرکار از ته دل مداح و شکرگذار امیر صاحب والاتبار گشتند یک عهدنامه هم همدران زمان فیمابین سلطنت هند ویارقند محرر و موثق گردید نقل آن بجنسه برای ملاحظهٔ ناظران والاشان درج این وریقات اختصار سمات نموده می آید چون بتقریب کلام ذکر سفیر والامقام بمیان آمد مناسب می نماید که حرفی چند درین خصوص هم حوالهٔ قلم حقایق رقم نموده آید نام نامیش

سید محمد یعقوب خان توره است خلف ارشد رسید

والا دودمان نظام الدین خان مرحوم مغفور عمرش مابین

پنجاه و پنج سال است اتفاق قدوم و ورود سید موصوف

به تقریب سفارت درین دیار دوسه بار گردید

و با این راقم آثم نیز روابط محبت و اتحاد بهم رسید چنانچه

شبی نان و برگی بخاطر عاطر آن والاشان مهیا ساختم و

به تکلیف تشریف قدوم جمعی از خاصان دوستان خود نیز

پرداختم جناب سیادت ماب اخلاق و مخلص نوازی را

کار فرموده رونق افزای مسکن این مسکین گشت چون

آن والاشان از هر دری به سخن در پیوست و دریافت

بسیاری از احوال ممالک شمالی را صورت بست

دیدم که در حقیقت مردی است جهاندیده کار آزموده

از تجارب ازمنه و امکنه انواع معلومات و مطلوبات بکار آمد

آموخته و فراوان مایه از علم و دانش اندوخته نه فقط

لائق سفارت بل قابل وزارت و تدبر عالی جناب

ممدوح خواهرزاده والاجناب معلی القاب مالک ممالک

ترکستان امیر محمد یعقوب خان والی فتح مند کاشغر و

یارقند است از بد و شعور بذهن و ذکاوت و شوق طلب علم

مشهور بود چنانچه عربی و فارسی و ترکی و خطائی وغیره

زبانها را نیکو می داند در علوم و فنون دران طرف بالا دکمتر

کسی باآن والاگهر هدبار و همسر خواهد بود شرحیکه بزبان

عربی برکتاب فصوص الحکم نوشته شاهد کافی بر مدارج

فضل و کمالات آن عالی درجات است اولا انوالاشان

بر عهدهٔ دبیر سلطنت مامور شده بود بعد آن بر منصب

عالی قاضی القضات منصوب گردید سپس بخدمت

وافر العزت سفارت سلطنت با همه اعزاز سرفراز

گشت و بدربارهای سلاطین باعز و تمکین روم و روس

و ایران فرستاده شد و از پیشگاه حضرت سلطان

عالیشان روم بو الاخطاب و نشان مجیدی درجهٔ اول شرف

اعزاز و عز امتیاز یافت بعد ازان وارد هندوستان

جنت نشان گردید با جناب معلی القاب لارد نارتهه بروک وایسرای بهادر در خصوص استحکام مبانی اتحاد سلطنت هند و دولت یارقند عهود و مواثیق مستحکم بربست خدا کند که از نتایج این عهود فواید غیر محدود بهر دو دولت بلند صولت حاصل ماند *

عهد نامه

عهد نامه فیمابین دولت بهیه برطانیه و عالیجناب امیر محمد یعقوب خان صاحب بهادر والی ممالکت کاشغر و یارقند واخلاف و اورات ایشان که اتمام یافت از یکطرف بتوسط طامس ڈگلس فورسایتهه صاحب کمپانین آف دی موسٹ آنربل آرڈر آف دی باتهه برحسب اختیارات کامله که درین باب بایشان از طرف جناب مستطاب رایت آنربل طامس جارج بیرنگ بیرن نارتهه بروک آف استراٹن و بیرنٹ و یکی از مدبران دیوان خاص

حضرت اکرمه ملکه بریتن الاعظم و ایرلند و صدر اعظم رتبه عالیه ستارهٔ هند در مجلس دیوان تفویض نموده شده و از طرف ثانی بتوسط سید محمد یعقوب خان تورة المقاب برتبه معزز مجیدیه درجهٔ اول ولد ارشد سید نظام الدین خان مرحوم قدس الله مضجعه ونور الله مرقده برحسب اختیارات کامله که ایشانرا درین خصوص از جانب عالی جناب امیر صاحب بهادر تفویض یافته اند *

تمهید

چونکه استقرار واستثبات اتحاد و دوستی و یکجهتی که درینوقت بین الطرفین عالیتین متعاهدتین موجود است واسترقای معاملات تجاری فیمابین رعایای خاصین مرکوز خاطر می باشد لهذا این چند شروط متعهد و منعقد گردیدند *

شرط اول - طرفین عالیتین متعاهدتین عمال شروط برین قرار دادند که رعایای یکدیگر مجاز باشند تا درآیند و اقامت

و تجارت کنند و به اموال و اجناس و امتعهٔ خود در کل
اطراف ممالک یکدیگر عبور و مرور و نقلات نمایند و در ین
ممالک مذکور رعایای یکدیگر از جمیع مراعات و فواید به نسبت
تجارت و صیانت و غیره خواه بر رعایای خاص خواه بر رعای
دیگر دولت کاملة الوداد المختص من الدول اجابت
یافته یا یابنده باشد متمتع و متصرف شوند *

شرط دوم - تاجران را از هر امم و ملل که باشند اجازت
و رخصت است تا از نواحی یک فریق معاهد در نواحی فریق
ثانی معه اموال و اجناس خود در کل اوقات بهر راهی و طریقی
که خواهند عبور و مرور توانند کرد هیچ قیدی برین اطلاق العبور
بطغیان یکی از فریقین معاهدتین موضوع نشود باستثنای
حادثه ضروری متعلق امور مملکت که اعلام بران من قبل
به دیگری معرف کرده شود و این قید و ضبط به مجرد دفع حادثه
مذکور منقضی و منقطع گردد *

شرط سوم - اهل فرنگ تبعهٔ دولت بهیه برتن که به ارادت

و مقاصد تجارت و غیره در نواحی عالی جناب امیر صاحب بهادر داخل شوند برایشان لازم است که تذکرهٔ معتبر و متضمن و متحقق بر قومیت خود همراه داشته باشند و اگر از این چنین تذکره مقصر باشند مستحق مراعات مندرجهٔ این عهد نامه متصور نخواهند شد *

شرط چهارم - بر اجناس مال تجارت بر آمده از ممالک عالی جناب امیر صاحب بهادر در امد هند قلمرو دولت برطانیه که بهر کدامی از رهگذرهای جبال همالیه موقوعه طرف جنوبی ممالک عالی جناب امیر صاحب در آیند سرکار دولت برطانیه قرار داد می نماید که هیچ اخذ محصول بر مال در آمده مذکور کرده نشود همچنین بر اجناس مال برآمده از هند در آمده ممالک عالی جناب موصوف هیچ محصول در آمد متجاوز از چهار و یک قیمت گرفته نشود اجناس مال در امده ممالک فریقین معاهدین مطابق شروط مسبوق الذکر برضا و رغبت خواه بیع بالجمله خواه بیع بالمتفرق باشند قابل انتقال با همه ازادی

از یک موضع تا موضع دیگر در مملکت هند قلمرو دولت برطانیه وکذالک به مملکت عالی جناب موصوف نیز متصور شوند لیکن بحسب قواعد وتحصیل رسومات آبکاری ومسکرات و دیگر قواعد و رسومات که متعلق باغراض تمدن بلاد باشند عموما به این چنین اقسام اجناس موافقت واتصال دارند *

شرط پنجم - فراید اموال تجارتی امده هند در نواحی امیر صاحب تا وقت رسیدن بموضع تفویضگی عندالتفتیش مکشوف ومفتوح نگردانند اگر اختلافی یا منازعتی درباب تشخیص قیمت مال واقع شود پس زکوة چیم یا منصبدار دیگر که عامل از جانب عالی جناب امیر صاحب بهادر بوده باشد اختیار دارد تا طلب حصه جنسی بحساب چهل و یک عدد عوض محصول نقدی نماید و اگر منصبدار مذکور در تحصیل محصول باخذ حصه از اجناس عذری کند و یا اگر اموال غیرقابل تقسیم باشد پس اندرین صورت معامله منازعت را بدو اشخاص مناسب که یکی از جانب منصبدار مذکور و دیگر از

جانب تاجر آرندهٔ مال معین شده باشند تفویض کرده شود تا تخمین قیمت مال بعمل اید و اگر بین المتوسطین اختلاف رای افتد وکیلی که فیصلهٔ وی قاطع باشد تعین کنند من بعد برحسب تخمینهٔ چنین انفصال ایصال محصول نماید *

شرط ششم - دولت برطانیه را اختیار است تا وکیل بدربار عالی جناب امیر صاحب بهادر معین کنند وتحت وی عاملان تجاری درکدامی اضلاع وامصار قلمرو ممالکت عالی جناب ممدوح که مناسب باشد گزارند وکذالک عالی جناب امیر صاحب بهادر مجاز هستند که وکیلی به پیشگاه نواب نائب سلطنت هند تعین نمایند و عاملان تجاری درکدامی اضلاع امصار ممالک هند قلمرو دولت برطانیه که مناسب باشد گذازند وکلای مذکورهٔ بالا بارتبه ومناشیرکه بقاعدهٔ دول سفیران را مسلم است موصوف شوند ونیز عاملان بفواید ومناشیر کونسلان دولت کاملة الوداد المختص من الدول بهره ور گردند *

شرط هفتم - رعایای دولت برطانیه را اجازت داده

می شود تا زمین یا خانه یا دکان در ممالکت قلمرو عالی جناب امیر صاحب بهادر بر مملکیت خواه خرید خواه فروخت نمایند و خواه باجاره تحصیل کنند و اندران امکنه و دکاکین یا بدیگر عمارات رعایای دولت برطانیه هیچ مداخلت بالجبر یا هیچ تفتیش بغیر از رضای شخص متصرف نکرده شود سوای معرفت وکیل دولت برطانیه یا عاملان وی وهم در حضور شخصی یا کدام موکلی معینه جانب وی *

شرط هشتم — تدابیر متعلقه ذیل در انفصال مقدمات داد و ستد و جرائم کبیره و صغیره نسبت رعایای دولت برطانیه در ممالک قلمرو عالی جناب امیر صاحب بهادر بمعرض قبول در آمده اند *

اولاً - در مقدمات داد و ستد که فریقین رعایای دولت برطانیه هستند و نیز در مقدمات جرائم صغیره و کبیره که طرفین رعایای دولت برطانیه باشند یا که مدعاعلیه اهل فرنگ تبعه دولت برطانیه حسب متذکره شرط سوم عهدنامه هذا

می باشد بوکیل دولت برطانیه یا به یکی از عاملان وی تفویض یافته بحضور وکیل عالی جناب امیر صاحب فیصل یابد *

ثانیاً - در مقدمات داد وستد که احد الفریق رعیت عالی جناب امیر صاحب و فریق دیگر رعیت دولت برطانیه باشد در محکمهٔ عالی جناب موصوف بحضور وکیل دولت برطانیه یکی از عاملان وی یا شخص متعاین درین خصوص از جانب وکیل موصوف یا از جانب عامل وی انفصال کرده شود *

ثالثاً - در مقدمات جرائم احد الفریق خواه مدعی خواه مدعا علیه رعیت عالی جناب امیر صاحب باشد انفصال مقدمه باستثنای صورت مذکورهٔ بالا در محکمهٔ عالی جناب موصوف بحضور وکیل دولت برطانیه یا یکی از عاملان وی یا شخص متعینه از جانب وکیل موصوف یا از جانب عامل وی کرده شود *

رابعاً - سوای صورت مذکورهٔ بالا در مقدمات داد وستد و جرائم کبیره و صغیره که یک فریق رعیت دولت برطانیه و فریق دیگر رعیت دولت غیر باشد و یکی ازین فریقین مذکوره

اهل اسلام میباشد پس انفصال مقدمه در محکمه عالی جناب امیر صاحب کرده شود اگر هیچکدام از فریقین مسلم نباشد دران صورت بشرط اتفاق طرفین مقدمه قابل انفصال بوکیل دولت برطانیه یا یکی از عاملان وی را باشد و درصورت عدم اتفاق مذکور در محکمه عالی جناب موصوف انفصال باید *

خامساً - در کل مقدمات که در محکمات عالی جناب امیر صاحب فیصله یافته باشند و دران شخصی رعیت دولت برطانیه احد الفریق باشد و وکیل دولت برطانیه را آگهی رسد که حق بغیر صواب رفته است پس مناسب باشد که اصل معنی را به عالی جناب امیر صاحب اظهار نماید تا در محکمه دیگر بحضور وکیل دولت برطانیه یا یکی از عاملان وی یا شخصی متعین درین خصوص از جانب وکیل موصوف یا عامل وی تحقیقات مقدمه از سرنو کنانده *

شرط نهم - حقوق و مراعات که حسب عهدنامهٔ هذا در مملکت قلمرو عالی جناب امیر صاحب بهادر به نسبت

رعایای مخصوص دولت برطانیه متعلق و متصرف شده اند برعایای جمله امرای و اولیای ریاست های هند متوقفه که رابطهٔ وفاق بعلیاجناب ملکهٔ معظمه دارند نیز ملحوظ و مرعی داشته شوند و اگر درین خصوص یا دیگر کدامی امرای که متعلق امرای و اولیای مذکوره مناسب متصور باشد بوساطت دولت برطانیه سر انجام یابد *

شرط دهم - وثیقجات صحیح و دیگر اشال عدالت که در هر کدام محکمات مقرره در ممالک فریقین عالیتین معاهدتین یا در محکمه موکلان مشترکه موضع لداخ محفوظ یا امانت داشته باشد قابل اثبات بواسطهٔ نقل متحقق و مختوم بخاتم محکمه که بوی اصلی کاغذ متعلق است باشد و درصورتیکه محکمهٔ مذکور خاتم نداشته باشد لازم است که بدستخط حاکم یا یکی از حکام محکمه مذکور تصدیق یابد *

شرط یازدهم - درحالیکه شخصی از رعیت دولت برطانیه در ممالک عالیجناب امیر صاحب بهادر وفات یابد متروکات

وی منقول و غیر منقول موجوده مملکت مذکوره بتصرف وارث یا وصی یا دیگر مختار در غرض وی درآورده شود در حالت عدم موجود ناهمچنین مختار بر تفویض وکیلان دولت برطانیه مقیمی مملکت عالی جناب موصوف کرده شود و بر شخص متصرف مال موروثه لازم است که دین متوفی را باربابِ طلب ادا نماید و مابقی را برای مقاسمت فیمابین اشخاص صاحبان تعلق نگهدارد همچنین بعوض این قرارداد مذکوره بالا نسبت رعایای عالی جناب امیر صاحب بهادر که در مملکت هند قائم و دولت برطانیه وفات یابند نیز مرعی داشته شود •

شرط دوازدهم - اگر شخصی رعیت دولت برطانیه متمکن مملکت عالی جناب امیر صاحب مفلس و شکست شود بالبعد انقضای محکمه از ادای قرض در مدت مناسب قصور نماید پس دین داینان چنین مفلس از اموال و امتعه وی ادا کرده شود لیکن وکیلان دولت برطانیه از احسان دریغ نکند تا معلوم گردد که آیا مفلس در هندمال قابل توضیع

کمفی الادای قرضه قارضان مذکور داده باشد این رعایت دوستانه مندرجهٔ شرط هذا نسبت رعایای عالی جناب امیر صاحب که مطابق قوانین ممالکیه معاملات تجاری بممالک هند دارند من الطرفین ملحوظ مرعی داشته شود *

تتمه

شرط هذا فی صورت ثانیه فی هذا الیوم از جانب عالی جناب امیر صاحب بهادر اتمام و اصداق یافته فردی حاضرالوقت در حفظ عالی جناب موصوف بماند و نقلی بعد اثبات و تصدیق از جانب نواب نائب السلطنت هند اندرون میعاد دوازده ماه در عوض فرد محفوظ الحال مبادله یافته به تسلیم عالی جناب ممدوح کرده شود ممهور و مختوم من مقام ینکی شهر کاشغر اعنی یوم دوم ماه فبروری سنه ۱۸۷۵ ع مطابق ۱۵ شهر ذي الحجه سنه ۱۲۹۰ هجری

قبلت هذا الشروط مهر

محمد یعقوب

بخش چهارم

در احوال و انتظام ریاست برودە

دهم از آنست آنچه از همت و قوت شاهانه در معامله نظم ریاست برودە از عالیجناب فیضمآب ممدوح بظهور رسیده باوصف ظهور بسا امور از راو صاحب رئیس سابق انجا عالیجناب ممدوح سلب استحقاق دودمان قدیم آن ریاست را بنوعی منظور نداشت و مهاراجه گوبند راو را بر مسند ریاست بهمان اختیارات و اقتدارات پیشین متمکن و جانشین گردانید اجمال حقیقت ماجرای آن ریاست چنین میباشد که مهاراجه کهاندی راو رئیس سابق این ریاست بزمان غدر سنه ۱۸۵۷ ع وفاداری و خیرخواهی مشکور گورنمنت عالیه برطانیه نمود و انتظام ریاست نیز بوجه شایسته نمود هرگاه بعد فوت مهاراجه کهاندی

راو رئیس مخروج یعنی ملهار راو بر مسند حکومت نشست از غفلت و بیخبری شان برهمی نظام آن ملک سرتاسر بظهور پیوست و اکثر عمال و کارگزاران شان بر رعایای انجا دست تظلم دراز کردند دلیلی واضح بر نالیاقتی شان زیاده برین چه تواند بود که مهاراجه کهاندی راو تا زمان حکومت خویش بظهور بد اطواری و بیراهه رویها ایشانرا محبوس و نظر بند همیداشت هرگاه آن ریاست بدست اختیار این راجه صاحب تظلم و اعتساف شعار در آمد علاوه مظالم بر رعایا و ذهول و غفلت در انتظام ریاست انجا باسماة جمنابائی زوجه مهاراجه کهاندی راو چنان روش ایذا و اضرار پیش گرفت که آن بیچاره بحضور گورنمنت برطانیه بدینگونه استغاثه نمود که حیف و مذلتی که از دست رئیس بر من میرود نه چنانست که بعرض کتابت در آرم و از تظلم رئیس دردی دارم که اظهار آن بغیر از حضوری پیش گورنمنت عالی نمیتوانم نمود چنانچه

بوادید همچنین خودسر جاکربل فیر صاحب بهادر زیدنت برای رفع مظالم و حسن انتظام همواره بر مهاراجهٔ مذکور موکد و مصر می بود لیکن مهاراجه مخمور بادهٔ غفلت بر همان دو بیرهٔ خامهٔ خود اصرار و استقرار داشت در نصایح رزیدنت ظن بد برده اولاد درخواست تبدیلی صاحب موصوف بحضرت گورنمنت عالیه برگماشت و ثانیا زشت ارادهٔ را از قوه بفعل آورده کرد هرچه کرد اکنون شمهٔ از حقایق ماجرای جدید بنوک خامه می سپارم که هرگاه رپورت صاحب رزیدنت بهادر اندرین خصوص بگورنمنت رسید راقم راست میگویم که جناب ویسرای بهادر بمجرد ادراک آنحال هرند ارکی که فرمود تمام انصاف وکلیه عاری از شائبه جور و اعتساف بود احکامی که در بدایت کار از پیشگاه جناب وایسرای بهادر درین خصوص صدرت اجرایافت مردم را دران شور و شغب دور از کار بسیار شد لیکن در رای راقم آن شور و غوغا خطا بود چه پر ظاهر است که کارهای

پولیتکل و مصالح نظام ملکی را همان شخص خوب میداند
که حکمرانی میکند پس کسانیکه آغاز آن کارها را بچشم سر
بادقت نظر می یابند و مضامین نراشیده وقایع نگاران
محتمل الصدق والکذب را می خوانند تا چنینکه آنکار بانجام
نرسد حسن و قبح آنرا کماهی در نمی یابند اکثر به تجربه میرسد
که شخصی قصد بنای عمارتی بطرز خاص محفوظ فی الذهن نمود
و طرح تعمیرش انداخت لیکن تا اختتام بنا هرگز ناظرین
زمانهٔ آغازش را وقوفی برین معنی دست نمیدهد که بنای مذکور
بعد الاختتام به هیئت مرغوب و خوش اسلوب خواهد بود
همرین منوال است مآل کار این مقدمه که هرچند جناب
وایسرای بهادر برای تحقیق سانحه جدید کمیشن مقرر فرمود
لیکن از ین قرار داد فیصل معامله بطریق آیین و قانون
مقصود نبود بلکه تجویز و تقرر این کمیشن صرف بغرض
انکشاف حال واقعی و اطمینان خاطر گورنمنت شده بود
باینهمه جناب وایسرای بهادر انصافا بنظر اینکه مهاراجه

مذکور را برای بریت اران الزام سخت موقعی داده شود جمله مصارف سعی و تدابیر مقدمه از خزانهٔ ریاست دهند تا اوشان را عذر ناداری نیز بمیان نباشد پس اگرچه در ثبوت جرم بقاعدهٔ عدالت بوجه اختلاف آرای ارباب کمیشن محال گفتگوها پیدا است و به همین سبب جناب وایسرای بهادر هیچگونه شداید تکالیف و ایذای جسمانی نسبت مهاراجه مذکور تجویز نفرمود الا مجاری حالات نالایقی رئیس مذکور و خرابی و بی انتظامی های گوناگون باضمیمهٔ ظهور چنین خیال زشت و زبون در حقیقت مقتضی همچنین تدارک بوده است که به عمل آمد - یعنی جناب وایسرای بهادر عطای اختیارات نظم و نسق ریاست عنان سابق به مهاراجه مذکور از قبیل دادن تیغ بدست راهزن در حق رعایای آن ملک مضر و منافی دیده دوش ناهموار مهاراجهٔ کم عقل و هوش مخمور بادهٔ پندار را از بار ریاست و حکومت سبک فرموده مبلغ کافی از

خزانه ریاست و نیز جای مناسب برای بسر بردن و اقامت مهاراجه مذکور و اهل و عیال شان متعین نموده اند و باوجود وقوع بی انتظامیهای سابق و ممنوح مانحه لاحق نظر با الطافهای وعده که از پیشگاه معدلت پناه جناب ملکه معظمه شهنشاه هند و انگلند نسبت بروسای دیار هند شده است خیالی از تصرف و ضبط ریاست و شمولش در ممالک مقبوضه گورنمنت برطانیه بخاطر خاطر نیاورده ریاست را در همان خاندان مسلم داشت یعنی مهاراجه گوبند راو را بر مسند حکومت نشانده و بوجه نابالغی شان سر مادهو راو کی سی ایس ائی کارپرداز ریاست اندور را برضامندی رئیس آنجا برای مدار المهامی و انتظام ریاست مقرر گردانید و کرنیل فیر صاحب بهادر را نیز باقتضای مصلحت کار تبدیل نمود و سر ریچرد میڈ صاحب را بجای شان منصوب و شریک دیگران امور انتظامی تجویز فرموده

بخش پنجم

در ذکر قدوم بهجت لزوم معدن عظمت
و اعتلا مرکز دایرهٔ مجد و بها جناب مستغنی
از القاب گردون رکاب ذوالمجد و التفاخر
شاهزاده ولی عهد پرنس آف ویلز بهادر در
ممالک جنت نشان هندوستان

هویدا باد که چون در سال هیجده صد و هفتاد و پنج
عیسوی نونهال بوستان جاه و اقبال گل و گلبن حشمت
و جلال شمع کاشانهٔ دولت انگلشیه باعث فخر سلطنت
برطانیه و هندیه عالی القاب شاهزاده البرت ادورد ولیعهد
بهادر مخاطب بلد پرنس آف ویلز باهر شوکت و شان تدرج
کنان بادبان عزیمت براه دریا برافراشت و به قطع
منازل و مراحل و تماشای بسا امصار و بقاع از مصر

وصولیز و عدن و غیره پرداخت نظر توجه به گلگشت ممالک جنت نشان هندوستان بر گماشت روز دوشنبه هشتم نومبر ماه و سنه مذکور چاشتگاهان هنگامیکه خورشید با افواج نور سرگرم استقبال آن همایون فال بود مرکب ظفر موکب صرابیس حانان آن گرانمایه گوهر درج سلطنت و عظمت بهزاران دبدبه و شوکت با دیگر چند مراکب لشکری در لنگرگاه بمبی رسیده لنگر تمکنت و وقار انداخت و سطح زمین را از شرف مقدم آن بهرام حشم هم سنگ بحر محیط کرد با همه بزرگی دریا دریا بلند حرکت بار برداری و پائین پرستیش موج تفاخر میزد و پربار عزت و افتخار ساخت کیفیت تکلفات و تجملات آن زمان و شرح ترتیب و آرایش های هرگونه ساز و سامان نه یارای تحریر و تقریر است از حین محسوس شدن نشان سر تیر مرکب تا هنگام گام فرسا شدن حضرت شاهزاده بلند اراده بران سر زمین بهار آگین چندان شاخهای

سلامی از بالای زمین و تمامهٔ مراکب دریا یکی بعد دیگری به تعظیم آن سرمایهٔ مجد و اعتلا باند آواگشت که شمارش از اندیشهٔ محاسبین روزگار درگذشته صدها مراکب چه از آن سلطنت و چه از اهالی تجارت به نشانهای بوقلمون و آراستگیهای گوناگون چنان مزین گردیده بود که از کثرت نشانهای رنگارنگ دریا رشک گلستان جنان می نمود اجتماع هزاران هزار افواج با لباسهای انواع و اقسام و هجوم عماید و روسا گوناگون سامان شوکت و احتشام تازه گلستانی در زمین به تماشای نظارگیان در آورده از هجوم کوکب تماشائیان با انواع اوضاع خوشنما آن هر دو گلستان جنت نشان را شانی دیگر پیدا کرده غرض چه دریا چه سطح زمین آراستگی هر دو بحدی فائق مرغوب دلکش خلایق افتاده بود که از فرط تجمل و آرایش دماغ آب و خاک بهوای عروج از کرهٔ آتش بالا رفت و قبهٔ خضرا بشوق بالا گردانی هردم خود را افروختر آوردن.

می خواست همان روز. پیش از زوال والاپایگاه بزرگ سپهسالار افواج بحری سلطنت بانائب رفیع المنزلت خود بالای جهاز صراپس برامد واز دولت ملازمت آن معدن جاه وتمکنت بعزت وسرفرازی کمال مالامال گشت وبعد پاسی ازان معلی القاب جناب نائب السلطنت نواب گورنرجنرل بهادر بادیگر همراهیان باعز وشان خود ابران جهاز رسیدمراسم سلامی جناب ممدوح از ساحل بحر وهم از مراکب لشکری شاهی حسب دستور موداگردید وپس ایشان عالیجناب چیف جستس صاحب انجا وکماندر انچیف بهادر وممبران عالیشان کونسل وبعضی دیگر بتمنای باریابی بران مرکب باعز وفر حاضرآمدند عالی القاب نواب گورنر بمبئی هریکی را بروفق مرتبه بحضور جناب شاهزاده بلند اراده شرف اندوزکنانید بعد ساعت چار مستغنی از القاب شاهزاده هلال رکاب باملازمین ورفقا از بالای مرکب فرود آمدوبقدام فیض التیام خود سطح زمین هند را

شرف داعزاز بخشید آنجا با جم غفیری از بزرگ منصب داران و حکام برتر مقام انگلستانی که برسم استقبال آن سرمایه جاه و اقبال مودب ایستاده بودند ملاقات کنان قدمی چند برداشته بود که مستر داسابهائی با جماعه میونیسپل کمیشنران و غیره اکابر شهر سپاسنامه این ورود مسعود برخواند عالیجناب شاهزاده بهادر بر بشاشت و پذیرانی آن جملهای الطاف آمود ارشاد فرمود و تا بمقامیکه نواب و مهاراجگان و سرداران و رئیسان ملکی با همراهیان و سامان شوکت و شان پی تعظیم آن دریتیم بحر بیکران سلطنت جمع بودند رسیده هر یکی را به تشریف شریف اخلاق که مطرز بطراز اشفاق بود بنواخت و اکثری را بکلمات لطف و مهربانی مسرور فرموده پیشتر خرامید تا عامه ناظرین و مشتاقین را جلوه دیدار بخشید * گروه نازنین پیکران پارسی نژاد و خورشید رخ نوبران جا بجا استاده سبدهای گل و یاسمین بدست گرفته بودند

برهمین پور محاسن معمور ملاطفت نثار کردند عالیجناب
ممدوح ازین حرکات شوخ دوستان آن سیمین طلعت
دختران بغایت مسرور گشته دست بسلام برداشت
و از زیر محرابیکه بکمال صنعت و زیبائی صورت ساخته بودند
گذشته بر گردون شاهی معلی القاب نائب السلطنت بهادر
سوار شد و از میان آن همه افواج و دیگر بسامان تعظیم و
وتزک و تکریم که بهر دو جانب آماده و از سوار و پیاده جوق
جوق برای استقبال آن همایون فال استاده بودند
خرامان گشت و سائر عظما و سرداران و روسای بلند
وقاران و رفقا و خدام و همراهیان و عهده داران بعز و احتشام
تمام پیش . پس آن میهمان عالیمقام بلند نام روان شدند
چون شرح آن همه اسباب کوکبه و حشم که بهمرکابی ان
مهر شیم بود خیلی طوالت میخواهد و در ذکر هنگام ورود مسعود
عالیجناب ممدوح بدار الحکومت کلکته بیان امدنی ست
این جا شرح انرا قلم انداز کردم غرض با همه شوکت و شان

بقصر الامارت پیول که ایوان عظمت بنیان شاهی است رونق افروز شد. بعد شام بر میز مهمانی جناب نواب گورنر بمبئی که بانواع اطعمه و اشربهٔ لطیفه آراسته بود با معلی القاب نائب السلطنت و چند افسران و رفیقان والاشان تناول طعام شب فرمود. بیک جانب آن ایوان صدای ارغنوان و دیگر سازهای خوش صدا طرب انگیز: لها بود چه توانم گفت که چگونه لذتها بکام سامعهٔ حاضرین می بخشید راست این است که بیان آن همه احوال و کیفیت از وسعت امکان این ژولیده بیان بیرون است. خلاصه بعد فراغ از نا و نوش اعزهٔ چند از سرداران گرامی مناصب انگلستانی که باسمد ملازمت حاضر بودند بوساطت عالی جناب گورنر بهادر آنجا بهره اندوز باریابی گشتند *

صباح آن نهم نومبر روز سه شنبه نواب و خوانین نامدار و مهاراجگان با حرمت و وقار و دیگر رئیسان و سرداران گرامی تبار آن حدود بعد ساعت ده

از روز یکی بعد دیگری برای شرف دیدار آن در شهوار معدن عز و افتخار فرا رسیدند و از دولت کرم و اخلاق عالی جناب ممدوح برحسب درجه و پایه بهین سرمایه اندوختند آخر وقت عالی جناب بر مرکب سواری رونق افزا شد سپه سالار عساکر بحری سلطانی و گورنر بحری یعنی جناب ادمرل بهادر که از پیشتر بران مرکب حاضر بودند کسب دولت ملازمت نمودند و بمقام مزاکان شاهگاهان از مرکب فرود آمده قدم تشریف بر سر زمین سود و با معلی القاب نائب السلطنت و عالی جناب گورنر بمبئی ملاقات فرمود سپس با جمله رفقای همراهی رکاب سعادت انتساب و سایر عمایدو صنادید و انواع حشم و خدم و عساکر بسیار از پیاده و سوار و ساز و سامان و اسلحه و نشان بیحد و شمار گردون سواره بسیر آن شهر نزهت بهر و تماشای اقسام روشنی های استعجاب افزا که بتقریب این قدوم میمنت لزوم و پیش آمدن روز سالگره آن بالیده عرعر

آب سالان دولت و سلطنت بگوناگون وضع از چراغان وقنادیل بیعدیل بشوارع و مکانات برآراسته بودند رونق افروز گردید وآن همه آرایش و ساز و سامان روشنی ها را تازه جلوهٔ نور بخشید ٭

روز چهارشنبه دهم نومبر قریب نیم روز سردارزادگان نابالغ کاتهیاوار و نیز سرداران دکن وکانگا و سرداران جنوبی مرهتا یکی پس دیگری بشرف ملازمت کیمیاخاصیت بهره اندوز گشتند - آخروقت عالی جناب ممدوح بابوان بسکریتری جات لیوی یعنی محفل بار ارباب عزت وافتخار قرارداد و باهر یکی بخنده روئی ملاقات فرمود و بعد فراغ ازان بدعوت طفلان انگریزی آموزشگاه که دراسپلینید معین شده بود بشرف قدم افزود و ازانجا باشکوه و کوکبه بباز دید چند مهاراجگان اودی پور وکولاپور وغیره جاها تشریف فرماشد شبانگاه بعد فرصت از تناول طعام محفل رقص وسماع راکه ممبران

بیکلا کلب آراسته بودند عزت و زینت بخشید *

روز پنجشنبه یازدهم نومبر بعد ساعت یک از نصف النهار عالی جناب کوکب تابان برج سلطنت با جناب گورنر بهادر و دیگر رفقا و ملازمین دولت بلند صولت در بزرگ تعلیم گاه یونیورسیتی به سنت هال تشریف برد اهالی و ممبران آنجا سپاسنامهٔ بحضور پرنور گذرانیدند و بشیرین جمله های فصاحت انتما از زبان فیض ترجمان درخصوص پذیرائی وجواب آن فراوان مایهٔ بهجت اندوختند بعد فرصت ازانجا به بازدید بعض رئیسان عالی قدر و راجگان باعزو شان تشریف فرما شد و ازانجا با نوزسک فریمیسنان برای نهادن بنای الفنستن داک رونق افروز گشته - سرسالارجنگ بهادر و دیگر دو سه راجگان والاشان دیگر را به ملاقات باز دید عزت افزا گردید و بعد شام در ایوان پیرل به محفل بار رونق بخشید *

روز آدینه دوازدهم نومبر حشمت ماب مرکز دایرهٔ

مجد و تفاخر جناب شاهزاده بهادر به معیت گورنر بهادر
و دیگر حشم و خدم بر مرکب دخانی میفیشر سوار شده بجزیرهٔ
الیفینتا تشریف برد آنجا بقبول ضیافت که از طرف جناب
گورنر صاحب بهادر بانواع تکلف آماده بود عز و شان میزبان
برافزود و پس از ان بهنگام مزاکان مراجعت فرمود و از میان
مراکب بحری سوداگران و مراکب بحری شاهی لشکریان
که از نور چراغان انجم آئین و انواع و صنوف روشنی های
بالا و پائین دریا را رشک چرخ برین کرده بودند تماشاکنان
داخل لنگرگاه بمبئی گشت ٥

سیزدهم ماه روز شنبه ان گردون وقار مهر سپهر
عز و افتخار با جناب نواب گورنر و رفقای باعز و فر بر گردون
دخانی سوار گردیده پیش از شام بشهر پونا رسید مراتب
تعظیم و سلامی و تجملات استقبال از حد مقال بالکل از اندازه
خیال هم افزون بود اول ارباب آرایش و درستی
شهر یعنی جماعهٔ میونیسپالطی و دیگر اعزهٔ آنجا سپاسنامهٔ

بحضور فیض معمور پیش کردند و بیمن قبول و حسن اخلاق خسروانه ان یگانه زمانه فراوان دولت عزت و مسرت بدست اوردند سپس آن والا شیم با همه کوکبه و جاه و حشم از راه بکه بانواع مجمرا بهادر نگین نشانها بر اراسته بودند در ایوان گورنری واقع گنیش گهند تشریف فرما شد شانکهای سلامی از توپخانه سلطانی غلغله شادمانی را به ملاء اعلی رسانید انجا ضیافتی بکمال لطافت از جانب گورنر بهادر مهیا بود بعد فراغ تناول به محفلها سراپا وقار رونق افروز بها فرمود ❁

روز یکشنبه صباح آن درگورنمنت هوس با جماعه رفقا و ملازمین دگورنر صاحب بهادر مراسم نماز و پرستش حضرت خدا ندبی نیاز بجا اورد و بعد زوال بسیر شهر و لقای جناب کماندر انچیف یعنی سپه سالار بهادر افواج ظفر امواج علاقه بمبئی قدم رنجه کرده

روز دوشنبه پانزدهم نومبر ماه بمقام پارد تی تشریف برد عمارات سنگین و پر تکلف شوالها یعنی

معابد صنم پرستان را بمعاینه در آورده وقت ظهر سیر شهر کهنه که هنوز آثارش باقی است نمود و قواعد افواج را نیز ملاحظه فرمود بعد مراسم سلامی انچه قواعد جنگی برای ملاحظه ان والاتبار بر روی کار آمد خیلی خوب و نهایت مرغوب بود بعد شام بمقاماتیکه از انواع چراغان و شموع برار استه بودند تماشاکنان بمشاهدهٔ اتشبازیهای گوناگون رنگ نو بنو طرز پرداخت و بر میز دعوت جناب کمانڈر انچیف بهادر تناول اطعمهٔ نفیسه فرموده نیم شب بسواری ریل مراجعت فرمای بمبئی شد *

شانزدهم ماه روز سه شنبه از انجا مراجعت فرموده بساعت هفت صباحی رونق افروز بمبئی گردیده در ایوان سلطانی انجا نزول اجلال فرمود خان ذیشان آغا خان را بشرف ملازمت اعزاز و امتیاز بخشیده و همان روز ملاحظه عساکر گراسن نموده تمغائی که نشان مسرت خاطر عاطر از ان عساکر تواند بود از دست مرحمت اختصاص مر ایشان

را عنایت فرمود و بعد مراجعت از ملاحظهٔ غرائب صنعتهای بالا دست آتش بازان و شبکه بندی و گلکاریهای رنگین چراغان که در میدان اسپانید بود محفلها رقص و سماع مرتب کرده گورنمنت آنجا را از زینتها افزود و جماعهٔ حاضرین محفلها را از رؤسای اعزهٔ هندوستانی و انگلستانی ببذل انواع اشفاق و اخلاق بنواخت *

هفدهم ماه روز چهارشنبه آخر وقت رفیع المرتبت نور باصرهٔ سلطنت با نواب گورنر صاحب بهادر و مصاحبین با تمکین بسیر و تفرج آن شهر نزهت بهر برآمد و به ملاحظهٔ مینار پارسیان و دیگر عمارات نو و کهنهٔ بادشاهی پرداخته بایوان گورنری مقام ملابار تشریف فرما و رونق افزا گشت و پس از استراحت سوختنگاه هنود و طریقهٔ آنرا دیده از راه بازار بزرگ دارالشفای سرکاری را مشاهده نمود و شامگاه بر مرکب سوار و پس بمعیت جناب گورنر صاحب و کماندر انچیف بهادر و چند اعزهٔ دیگر یکجا تناول اطعمه فرمود *

۱۸ بحدهم نومبر روز پنجشنبه بعد تیفن بر کشتی شاهی سوار شده بمقام مزاکان تشریف قدوم ارزانی داشت و مراتب اعزاز مر جمشید جی جي جي بهائي وخان ذیشان اغاخان را هنگام باز دید باعطای یک یک تمغای طلائی و یک یک کتاب انگریزی دوبالا نمود و باخاتون ساسون نیز ملاقات فرمود و به عنایت تفکهاتش سرفراز و ممتاز ساخت سپس بر مرکب مراپس آمد و شب بر گردون ریل سوار شده تشریف فرمای مقام برودة گردید *

نوزدهم ماه روز آدینه کیوان پایگاه عالی جاه ممدوح بمقام برودة نزدل اجلال فرمود مهاراجه گایکوار و سرتي مادهوراو مراسم پیشوائی بکمال خوش ادائی بجا آوردند و با تجملات ملوکانه سیما توزک و آرایش فیلهای کوه تن عالی جناب ممدوح را در ایوان رزیدنتی بردند آخر وقت عالی جناب معلی القاب شاهزاده بلنداراده مهاراجه گایکوار و مهارانی جمنابائي را به ملاقات باز دید سرفرازیها بخشید و تماشای جنگ

گاو میشان و نر میشان و کرگسان و بیابان که همانا خالی از لطف نبود فرمود بعد ازان با چند عظما و کبرای آنجا ملاقات فرموده به تناول طعام شب در مهمانیٔ افسران دستهٔ نهم افواج سلطانی را عزتها افزود *

سیم ماه روز شنبه صبحی بمقام مکن پور تشریف برد و ساعتی باتفاق مهاراجهٔ گایکواڑ و بعض سواران دیگر بشکار یوزان و آهوان دشتی و غیره پرداخت و به پذیرائی دعوت تفن مهاراجه صاحب را ممنون و مسرور ساخت شبانگاه به مهمانی افسران دسته بست و دوم لشکریان بادشاهی باهمه بهجت و مسرت تشریف برد *

بست و یکم نومبر روز یکشنبه بعد ادای مراسم عبادت بدعوت مهاراجه سر تیی مادهوراو و مهارانی جمنا بائی که بموتی باغ قرار یافته بود تشریف فرما گشت و بعد فراغ ازانجا ریل سوار به بجانب محموداباد شرف قدوم ارزانی داشت *

بست و دوم تاریخ روز دوشنبه درمقام کهیرا به شکار انواع مرغان آبی اشتغال فرمود و بعد فراغ ازان قبل نیم روز بر گردون ریل سوار شده بطرف بروده مراجعت نمود و بعد از تفکهات تفنن و دیگر اشغال بطرف مقام دبکا که بفاصله شش فرسنگ ازین جاست تشریف ما شد و شب همانجا قیام فرمود *

بامدادان روز سه شنبه علی الصباح به سیر و شکار بعض جانوران دشتی حظی بر داشته باز متوجه بروده گشت و با چند ناموران با حرمت و شان مقامات احمد آباد و سورت و سورچ باخلاق و اشفاق تمام ملاقات فرموده هنگام گذشتن پاسی از شب با خدام و حشم عازم بمبئی گردید *

روز چهار شنبه بست و چهارم ماه هنگام قدوم بمبئی مراتب تعظیم و استقبال آن همایون فال به تجمل و احتشام کمال به تقدیم رسید و رسم سلامی از بالای مرکب هم بوقت رونق افروزی سوداگردید شب بر جهاز با چند

عهده داران باعز و شان بر تناول اطعمه لطیفه پرداخت *

فردای آن آخر وقت براه دریا با چند مراکب شاهی

ازراه کلمبو وغیره بطرف گوا رهگرا شد *

روز جمعه مرکب سراپس و دیگر جمله مراکب همراهی

بمقام گوا قریب مقام اگودا لنگر انداختند شلکهای سلامی از

بالای قلعه سر شدند و بجوابش از بالای جهاز نیز توپها سر کردند *

فردای ان اول صبح عالی جناب گورنر اگودا با ارباب

کونسل وغیره بملاقات آن عالی درجات نزار سید و بعد

چاشت چون جناب شاهزاده بلند ارادهٔ بمقام بنجم رونق

افزا شد آنجا گورنر صاحب موصوف با سا اعزه وکشیشان

و میونیسپال کمیشنران بکمال تجمل و شان مراتب

استقبال آن همایون فال بجا آورد انواج پیادگان و

سواران د توپخانه وغیره صف ها بسته تا ایوان گورنری حاضر

بودند و بانواع سازهای جنگی مراتب تهنیت ادامی نمودند

اهالی آن دیار هزاران هزار به تمنای دید ار جناب شاهزاده

عالی وقار از هر جانبی بکمال آراستگی و خوش نمائی فراهم آمده شانی دیگر بران تجملات شاهانه افزودند شاهزاده بلند مکان بهمین شوکت و شان داخل ایوان گورنری گردید و بعد تفنن بافر و شوکت بملاحظه کهنه شهر گوا پرداخت و باافسر شیشان معابد و عمارات قدیمه آنجا را سیر فرموده بمقام اگوڈا باز مراجعت فرماگشت *

بست هشتم نومبر روز یکشنبه بعد فراغ از پرستش و دیگر امور رهگرای مقام بی پور گردید *

الغرض بهمین عنوان آن خورشید آسمان تمکنت و شمع شبستان سلطنت باحشمت و شان خسروی و اعزاز و احترام شاهنشهی از مقامی بمقامی و از شهری بشهری تفرج کنان و در سیر و شکار و ملاقات کبرای بلند وقار هر شهر و دیار بتوجه و التفات کمال اشتغال ورزان بعد مدتی زاید از دو هفته بمقام ترچناپلی نزول اجلال فرمود و بهر جائی و مقامی که گذر کردی زیبستان و

سرداران باعز و شان را سر تا سر ممنون اخلاق و اشفاق خسروانه می نمود *

شانزدهم دسمبر ماه آن والاجاه از مقام ترچناپلی رونق افروز معمورهٔ مدراس گشت اهتمام و انتظام سلامی و استقبال و تعظیم و آرایش انواع تجملات و سامان تکریم باهتمام عالی جناب گورنر بهادر مدراس به نیکو وضع بروی کار آمده بود به ملاحظه سامان چند دعوت باتکلف و تماشای روشنی ها وغیره علی الخصوص از ان اوضاع و سامان چراغها که بر ساحل دریای محیط بترتیب عجیب روشن کرده بودند انوار مسرت از چهرهٔ پر ضیای آن مهر سپهر مجد و اعتلا زیاده تر می درخشید اهالی میونسپالتی و سائر رؤسا و اعزهٔ آن امصار و دیار سپاسنامه‌ها از سر کمال خلوص عقیدت و وفور مسرت باظهار فرح انبساط قدوم فیض لزوم آن نور حدقه دولت و نور حدیقهٔ سلطنت بگذرانیدند و از چمنستان فیض قبول و رنگین گلستان کلمات عاطفت شمول حضرت شاهزاده

حشمت آماده فراوان گاههای مسرت و کامرانی چیدند سپس
آن درخشان کوکب عز و جاه و لقاب محامد انتساب
شاهزاده گردون پایگاه از لنگرگاه مندراس بر مرکب شاهی
سراپس بادبان نهضت بسوی دار الحکومت کلکته که
درین زمان مرکز دایره ممالکت هندوستان و قیامگاه نائب
حضرت ملکه معظمه شهنشاه دوران است بر افراشت تا بتاریخ
بست و دوم دسمبر ماه روز چهار شنبه بمقام ڈائمنڈهاربرکه
به کیلا گیچهیا مشهور است آن گرامی جهاز لنگرانداز گشت
عالیجاه بلند پایگاه سر ریچرڈ تیمبل صاحب بهادر لفتنٹ گورنر
بنگاله با معزز افسران خود تا آنجا برسم استقبال بشتافت
و از کرم و اخلاق آن خسرو یگانه آفاق مسرت سرفراز بهای
فراوان یافت *

روز دوم آن مرکب مبارک عالی جناب ابهت ماب
ممدوح ساعت یک بعد نصف النهار بدار الحکومت
کلکته مقابل پرانسپ گهاٹ رسید شلکهای سلامی ازان

هنگام که نشان از سر تیر مرکب نمایان گشته از قلعه فورت ولیم و هم از مراکب بحری که لنگر انداز بودند آغاز گردید و از دیگر مراکب عظمت مواکب شاهی که بجلو آن مرکب خاص عظمت اختصاص بودند نیز بجواب آن شلک بعد شلک سر می شد جمله مراکب بحری را به نشانهای رنگین و پردهای خوشنما به عجب سلیقه وضع آراسته بودند گویا هر یکی روضه بود بگلهای رنگارنگ شگفته صدای مبارک باد از جهازیان برسم و طرز ایشان نه فقط در دریا جوش و خروش مسرت و تهنیت برپا کرده بود بلکه رسیدن آن تا گوش مشتاقان روی ساحل طرفه غلغله شادمانی از دهان جوق جوق منتظران سطح خشکی پیدا می نمود آخر جماعه از معزز عهده داران اندیا گورنمنت که از برای استقبال جمع آمده بودند بعد ساعتی تا بالای مرکب رسیدند و بذریعه جناب لفتننت گورنر بهادر کامیاب از دولت ملازمت کیمیا خاصیت گشتند ساعتی چند گذشته باشد که عالی جناب معلی القاب

شاهزاده حشمت آماده بلباس شاهانه و حشم ملوکانه از بالای مرکب برکشتی سلطانی فرود آمد جماعه که باستقبال حاضر آمده بودند پیش پیش روان شدند * صداهای مبارک و سلامت آنوقت طرفه لطفی نمود و جوشی بدلها افزود راقم سطور بسبب جستیس آف دی پیس بودن بزمرهٔ اولین سپاسگذاران قدوم میمنت لزوم بر لب دریا مقام فرودگاه آنولاجاه حاضر بود عالی جناب فیضمآب نائب السلطنت و دیگر سایر عهده داران گرامی و روٴساو سرداران نامی دریندوقت همه تن چشم گردیده آمد سفینهٔ دولت گنجینه آن ناخدای مرکب جهانبانی و معلم رهنمای کشتی معدلت قیصر ثانی را بهزاران هزار تمنا تماشامی کردند اکثری کلمات شوقیه هم بزبان می آوردند بالجمله جماعهٔ انبوه خلایق بانتظار آمد آمد نور دیدهٔ شهریار سراپا عالم نظر گشته بود چون آن سفینه قریب تر رسید و نظر مشتاقان بر جمال جهان آرای شاهزادهٔ خورشید سیما افتاد از هجوم خطوط

شعاع انظار گرد چهرهٔ پر نور آن مهر رخسار تماشای فرود آمدن افتاب عالمتاب از چرخ برین بنظر اهل زمین می نمود همینکه آن سفینهٔ دولت گنجینه بکنار رسید و عالی جناب سر دافسر شاهزادگان والا دودمان قدم فیض شمیم بر سر ساحل بنهاد نواب معلی القاب گورنر جنرل بهادر پیشقدمی فرموده بعد بدست آوردن شرف مصافحه دیگر سایر سرداران و عهده داران را بملازمت پیش فرمود و صاحب کمشنر کلکته همان وقت قرائت سپاسنامه آغاز نمود جمله سرداران و سپاسنامه گذاران از نظر اشفاق و کلمات اخلاق شاهزادهٔ آفاق دولت سرور موفور اندوختند و بلوامع شرف و اعزازهای نامحصور سیمای حال میمنت اشتمال خود برافروختند چون آن گرامی جدول بحر سلطنت بروی ساحل قریب شارع عام رسید لشکریان با اسلحه و نشان بانداز غریب و حرکات و سکنات عجیب باداى مراسم تسلیم و تکریم پرداختند عالی جناب معلی القاب ممدوح

با نائب السلطنت و همنشینی دیگر از رفقای با عزت بر گردون چهار اسپهٔ شاهی بصد تمکنت و وقار سوار گردید و براهیکه از لب دریا تا ایوان رفعت بنیان گورنری جهت تشریف بری انوالاشان هزاران هزار شکریان از سوار و پیاده با بیرقهای زرنگار و رنگین و دیگر سامان توزک و تزئین صف ها بهر دو کنار راه بسته استاده بودند باهمه دبدبه و شوکت و شان متوجه ایوان جلالت بنیان گشت سازندگان افواج گوناگون سازهای مسرت و ابتهاج می نواختند و از خلایق بیشمار هر ملک و دیار که برای تماشای جاه و حشم سواری فراهم بود هر گروهی در وضع خاص بمبارکباد آن فرخنده نهاد صدا ها برنگین ادا ها بلند می نمود شاهزادهٔ فرخ فال بسرور کمال : رهر مقام دست بسلام بر میداشت و بگوشهٔ چشم التفات یک نظری از لطف و عنایت بر هر گروهی و انبوهی می انداخت اینجا مختصری از کیفیت ترتیب حشم و خدم و تجمل و شان و صورت

روانگی عساکر و افواج ظفر امواج بجاوان سرو روان گلشن سلطنت عظمت بنیان بنوک قلم حقایق رقم میسپارم تا کسانیکه بعد ازین مطالعهٔ این رساله سازند شمهٔ از کیفیت اصلی این احوال عظمت اشتمال را در عالم خیال به سیر و تماشا پردازند *

کیفیت توزک شاهی برحسب حکم معلی القاب

نائب السلطنته گورنر جنرل بهادر

۱ - ڈپوتی استنت کوارتر ماستر جنرل کلکته *

۲ - گروه سواران هندوستانی با اسلحه و نشانهای سلطانی *

۳ - جماعهٔ از سواران با سامان توپخانه و چند توپ عدوکوب *

۴ - هندوستانی سواران با البسهٔ گرانبها و علمهای خوشنما *

۵ - افسران سرکت استاف *

۶ - افسران هید کوارترس - و متعاقبین کماندر انچیف *

۷ - جماعهٔ باڈی گارڈ معلی القاب نائب السلطنة بهادر *

۸ - افسران متعاقبین جناب لفتنت گورنر بهادر *

۹ - همراهیان رکاب شاهزادهٔ معلی القاب *

۱۰ - لفتننت گورنر بهادر بر گردون حشمت نمون خود *

۱۱ - رفقای گرامی شان کیوان منزلت شاهزاده بهادر بر گردونهای شاهی متعینهٔ همراهی *

۱۲ - رسالهٔ سواران باڈیگارڈ باسلحه و نوع شاهی مفتخر و مباهی *

۱۳ - گردون شوکت نمون سلطانی که بران شاهزادهٔ همایون رکاب و عالی جناب فیضمآب نائب السلطنت بهادر سوار بودند با معزز خادمی سائق اسپان بی نظیر آن گردون سراپا تنویر *

۱۴ - صاحب کمشنر بهادر پولیس کلکته برابر سواری همراه رکاب سعادت انتساب *

۱۵ - مصاحبین با فر و تمکین عالی جناب ممدوح *

۱۶ - سواران باڈی گارڈ با اسلحه و اعلام و فر و احتشام دسته دسته بترتیب صف ها بسته *

۱۷ - عالی جناب کمانڈران چیف بهادر ، عالی جناب

چیف جسٹس صاحب و جناب لارڈ بیشپ صاحب و ممبران والاشان کونسل و جناب کماندران چیف بهادر افواج بحری هند و میهمانان معالی القاب عالی جناب نائب السلطنت بهادر و بردونهای گورنر جنرل بهادر *

۱۸ - سواران توپخانه - با توپهای هیبت زا *

۱۹ - گروه سواران عسکری با اسلحه و بیرق های خوش نقش و نگار قطار در قطار *

این است خلاصهٔ کیفیت عز و احتشام سواری حضرت شاهزادهٔ والا مقام و دیگر سواریهای رؤسا و سرداران که با عسکریان و سواران و اعزه و رفقا و ساز و سامان بکمال طمطراق و زرق و برق یکی بعد دیگری همراه سواری شاهزاده عالیجاه بانند پایگاه بودند تشریح آن را تا کجا نبسم *

الحاصل آن کوکب درخشان آسمان دولت و شوکت با این همه تجملات خسروانه و فر و آب ملوکانه روان شده و از

علی قابل مشرق و شمال دران ایوان حشمت و اجلال به ترتیب و شانی که بالا نوشتم داخل گشت *

دمیکه گردون عظمت نمون عالی جناب ممدوح زیر محراب دروازه رسید شلکهای سلامی از قلعه کلکته به تعظیم و تکریم باز آغاز گردید این گروها گروه عسکریان و سواران و توپخانه و افسران وغیره که پیش پیش بودند هر جماعه بطرفی وهر گروهی بجانبی درون وبیرون احاطه آن ایوان حشمت بنیان رونهادند و بپای ادب ایستادند و راه آیندگان را صاف داشتند تا آنکه گردونهای پیشین و گروه سواران از بزرگ زینه آن ایوان گذشته بجانب غرب جا گرفتند و گردون حشمت نمون رسید عالی جناب لفتننت گورنر بهادر برسم پیشوائی برلب زینه حاضر آمد و لشکریان که برای سلام تعظیمی به مقابل آن زینه قطار بسته بودند ادای مراسم تعظیم و تسلیم نمودند و نشان شاهی بر گنبذ ایوان گورنری فی الفور بلند گشت تا عالی جناب شاهزاده بلند اراده با معلی القاب نائب

السلطنت بهادر و رفقا و اراکین دولت با همه عزت و صولت داخل آن ایوان جایان اشان گردید و پس بین همراهیان گردون سوار و سائر عسکریان جرار بهمان ترتیب غریب که بود بعضی داخل احاطه شدند و بعضی بیرون آن منتظر حکم ایستادند حقیر که با دیگر بزرگان و حکام بلند نام بالای آن زینه کناره گیر بود آن همه کوکبه و کر و فر و ساز و سامان بیحد و مر را بنظر تفصیل مشاهده نمود و شان و شوکت این قوی سلطنت را از همین یک گونه نمونه که در حقیقت نسبت بسامان بیحد پایانش یکی از هزار و اندکی از بسیار هم نبود ممیزان کیاست و فراست خود بنگرند و بسنجید الله الله سبحان و شان و کروفرهای زاید از حد شرح و بیان آنوقت نمونه از عجایب قدرت بود و طرفه طلسم حیرت به چشم نظارگیان می نمود در حقیقت آن همه ساز و سامان تعلق به بدن داشت نه بشبدن *

فردای آن روز جمعه بست و چهارم دسمبر عالی جناب ممدوح از اول روز تا بعد نصف النهار با مهاراجگان پتیاله

و اندور و جوده پور و جی پور و کشمیر و گوالیار و بیگم صاحبه
بهوپال و مهاراجه ریوان یکی بعد دیگر بکمال الطاف و تفقدات
ملاقات فرمود قریب ساعت سه بعد از تفکهات با معالی القاب
نائب السلطنت و کوکبه و حشم و عساکر و خدم بسیر عمارات
و شوارع شهر آمد و بعد از شام قریب ساعت هفت مع نائب
السلطنت و همان ساز و سامان حشم و خدم به تماشا
چراغان شهر رونق افروز گشت و عقب سوار
و باد بهار آن رونق گلستان سلطنت مهاراجگان و سرداران
و حکام عالیشان و دیگر امرا و معززان جوق جوق بر گردونهای
چار اسپه و دو اسپه به شوارع نور آگین شهر پس یکدیگر
بصد کر و فر تفرج کنان روان بودند و عجائب و غرائب
انواع روشنی های شگفت نما و صنایع و بدایع حیرت افزا
را به هزاران هزار تحسین و آفرین ها می ستودند این
سامان روشنی که بانواع اوضاع و اقسام الوان از چراغان
و قنادیل و گیاس و غیره درست کرده بودند دور داش

کما بیش از پنج میل انگریزی کم نخواهد بود و جا بجا درها خوشنما و وسیع و بلند که بانواع خاطر پسند ساخته بودند تماشای هردری ازان دیدهٔ تماشائیانرا بشش در محویت می انداخت و چشم نظارگیانرا حلقهٔ در حیرت میساخت اکثر ایوانات و قصور رفیعه راکه بانواع و اقسام روشنی ها برآراسته بودند چنان می نمود که هریکی کوهی است با گوناگون گلهای نور سر بفلک کشیده یا خود جمله ستاره ها فلک تعبیه بران گردیده ٔ بی ستارگانرا بانوار بیحد و شمار ان شموع و چراغان زاید از وهم و گمان چه قدر و مقدار و کدام عزت و اعتبار که ضیائی . بی انتهایش گرمی هنگامهٔ انجم را یکسر سرد کرده بود ز پیش وفور انوار مهرداریش هر ستاره دران شب بیش از چراغ بی نور روز نمی نمود گلکاریهائی گیاهی و دیگر نقشیجات ممالک و تصاویر ماهون که بهر مقامی ساخته و اقواس و زنجیرها و درختان وغیره که از شیشهائی رنگ برنگ در هر راهی بروشنی جداگانه پرداخته بودند

ماه بالش گر ستارگان بهوای سبز چراغان صورت چشمهای
از حیرت باز مانده گشت و بدیدهٔ رشک بهم می نگریست
و خورشید جهان آرا پیش از آنکه فروغ شموع رو نماید
از خجالت زرد رو گردید و نتوانست بزیر زمین خزید
انواع نشان و بیرقهای رنگین بر کنگرهای بام در هر مقام
به عجب انداز آویزان بود که ازین وفور توغ های با فر و جاه
و ازدهام سواران و سپاه نوکرانی تمامهٔ آن هنگامه صورت
عساکر آماده قواعد نمائی بصد زینت و زیبائی به نظر در می آمد
از وفور تابش اکثر مقامات نظرها خیرگی میکرد و از کمال
درخشندگی نور الیکتر اجستی خود آفتاب رو در پردهٔ حجاب
کشیده بود یعنی تاب دیدنش نیاورد: بر هر عمارتی که نظر
می افتاد جز پیکر منقش انوار به چشم اعتبار در نمی آمد و
سوای عالم ضیا چیزی دیگر محسوس اهل نظر نمی شد بعض
کمان صورت ماهتاب چنان بالای بام منور کرده بر آورده بودند
که اکثری به مغالطه می افتادند و ماهتاب مصنوع را ماهتاب

اصل نشان میدادند بعض صناعان شکل آفتاب را
از نورافشانی آراستگی نوعی پرداخته مانند آفتاب اصلی روشن
ساخته بودند که هیچ نظری تاب دیدن آن نمی آورد بلکه
دیدهٔ آفتاب پرستان هم از مطالعه آن خیرگی ها میکرد
عبارتهای مبارک باد شاهزاده و ملکه و دیگر الفاظ
و جمله های دعایه بحروف وابستهٔ چند جا بجا از گیاس
بخوش خطی قابل دیدن ساخته شده بود و در نو بنو گاهها و
تصاویر بی نظیر حضرت ملکهٔ معظمه و شاهزاده که به صنعت
گیاس بجا بجا بر دیوارها نقش کرده بودند از نقل و اصل
فرقی هرگز نمی نمود روشنی مکانات قلعه و بروج حوالی آن
که دو آنهم باندازهٔ سه میل کما بیش خواهد بود گویا
در تمامهٔ این سه میل یک شعله بود از نور مشتعل و
هر چشمی به تماشای آن در یک نظر حیران میگشت و زبانها
هنگام ادعای مدح و ستایش چنان از شعلهٔ حیرت میسوخت
که برلب و دهان سخنوران هم بغیر از نقش مهر سکوت

حرفی نمی گذشت - غرض در تماشای این همه نور و ضیا که در دو ساعت کم از مسافت یک نیم ساعت بر گردون دوا سپه نخواهد بود چه انوار مسرت و سرور که بر سیمای حال سعادت اشتمال آن چشم و چراغ سلطنت دوران مدت نه برافزود بعد فراغ ازین سیر و تماشا در ایوان سلطنت با عالی مرتبت والا جناب نایب سلطنت و چند عهده داران با عز و شان طعام شب تناول فرموده بالذات روسا و سرداران نائی که بر سم پذیرائی گاری قدوم میمنت لزوم عالی جناب معلی القاب ممدوح فراهم آمده بودند با خلاق و مهر گستری بپرداخت *

بست پنجم دسمبر ماه که بزرگ روز عید میلاد حضرت مسیح است بساعت ده و نیم با همه حشم و خدم برای ادای مراسم نماز به بزرگ کلیسا که به کتهیدرل مشهور است تشریف فرما شده و از انجا بر مرکب سواری مراجعت نمود آنوقت با معلی القاب نائب السلطنت بهادر کار نزهت

هوس مقام بارکپور رونق افروز گشت و شریک دعوت نائب السلطنت گردیده شب بهمانجا استراحت فرمود *

بست و ششم ماه روز یکشنبه نیز بکلیسای بارک پور برسوم عبادت پرداخت و برکشتی سلطانی رهنماس سوار شده بازوی گنگ در شهر چندن نگر مشهور به فرانس دانگا که کوچک جائی آبادان بر ساحل گنگ زیر حکومت حکام با احترام فرانسیس است گام فرما شد گورنر صاحب آنجا فی الفور بمراسم تعظیم و تکریم پرداخت و مراتب استقبال آن همایون فال را بهمین آئین مودا ساخت *

صباح آن روز دوشنبه از راه دریا تفرج کنان به کلکته مراجعت نمود و با سفیران شاه برهما و مهاراجه پونا و سفیر سلطنت نیپال و راجه جهیند و مهاراجه بنارس و راجه نابهه و مهاراجه جودهپور تا بر باتفاق و اشتیاق ملاقات فرمود بعد ازکتابت بزرگ دارالشفای فوجی یعنی جنرل هسپتال را معاینه فرموده ازانجا آخر وقت بمقام نظرپور

پیش روی ایوان بلوید ّیر که از ایوانات سلطانی و محل قیام میمنت فرجام عالیجناب لفتننت گورنر بهادر راست رونق افزا شد و با جماعهٔ باعز و شان فرنگستان بنای زوالجیکل گاردن یعنی جانور خانه بادشاهی از دست خاص نفس اختصاص خود ریختند و با جماعه حشم و خدم و سایر سرداران و رفقا که بهمرکابی بهره اندوز و بدین تقریب مدعو بودند بگاردن پارتی یعنی گاگشت باغ و مرغزار پربهار مخیم دولت جناب لفتننت گورنر بهادر به سر چمنستان و تماشای بعض کوهی بازیگران و پاکوبان که بقانون عجیب و لباس غریب می رقصیدند و سرود تهنیت بزبان خود باساز خاص خود که انهم طرفه چیزی بود می سرائیدند پرداخت و می بملاحظهٔ انواع روشنی ها که بهر روش و خیابان و تمه گذرهای بوستان بطرزی جداگانه بر زیر پای درختان از تسخیر ... گیاس و شیشه های ملون آراسته بودند تو گوئی طرفه عالمی از نور جلوه ظهور نموده بود که با شکال

بو خطوط آن مشغول مهندسان حیران می ماند متوجه گشت
راقم سطور که بهمه جلسه ها از الطاف بیحد و عد حکام والا مقام
شریک مانده چنین حسن انتظام و خوبی صنعت روشنی بوجه
تمام الحق جای دیگری به نظرم نگذشته و این گونه لطف خاص
در هیچ محلی حاصلم نگشته عجب صحبتی بود مصفا طرفه جلسه
نو و شگفت افزا بینندگان از لطف آن فرحان و شنوندگانرا
الفاظ مسرت بزبان پس از آن عالیجناب ممدوح بضیافت
پر الطافت جناب نواب لفتننت گورنر بهادر اعزاز افزای
میزبان باعز و شان گردید بعد فراغ از ضیافت نواب ممدوح را
در گورنمنت هوس به محفل میمنت مشاکل بال یعنی صحبت
قص انگلستانی بهمراه رکاب فیض انتساب خود آوردند *
بست هشتم دسمبر روز سه شنبه معالی منزلت
شاهزاده گرامی حشمت بمازدید رؤسای کبار و امرای
بلند وقار تشریف فرما شده به ساعت سه دربار
حاضری یعنی محفل لیوی را عزها بخشیده در این محفل لیوی

که اشتهار آن با تعین وقت و زمان از پیشتر داده بودند حکم بود که همه عهده داران از ارباب سیف و قلم و منصب داران بحری بالباس کامل حاضر شوند و روٴسا و اعزه این شهر و دیگر مقامات دوردست که قابلیت حضوری دران بار بر وقار داشتند نیز بشرط مراعات ضوابط آن محفل خلد شاکل مجاز باریابی بودند این حقیر که مورد کرم و اخلاق و عنایت و اشفاق اهالی این سلطنت عالی از عهد قدیم است و علاوه عنایت و اشفاق قدیمانه خاصة درین زمانه به یمن عواطف خسروانه عالی جناب نائب السلطنت گورنر جنرل بهادر و معلی القاب عادل یگانه لفتننت گورنر بهادر که اگر هر سر موئیم زبان خوش بیان سپاس این هر دو سرداران معدلت اساس گردد از مراتب شکر این هر دو محسنان والا شان ادای یکی از هزار هم دشوار است فوق خطاب و اختیارات پیشین زمان به عنایت خطاب مستطاب نوابی

و عطاهای سپر و شمشیر و خلعت از پشمینه و زردوزی
و حمایل مروارید و غیره اشیای عزت افزا گران بها تازه
منزلت و سرفراز بها یافته ام بشرف حضوری این محفل
از اول با جمله معززان با عز و شان مخصوص بودم و چون
دستور ملاقات با سرداران و عظمای با عز و شان
در چنین محفل در اول می باشد بزمرهٔ آن بزرگان با همه
ناچیزی از شرف ملازمت و دولت حسن اخلاق و
اشفاق عالی جناب شاهزادهٔ آفاق حظی و فرحی حاصل نمودم و وقت
بار باندرون دالانی که تخت و چتر پادشاهی در آنجا بود و داشت
در قطار حکام و رئیسان مانند تام حاضر بوده با هرگونه اعزاز
شرف امتیاز یافتم جمله کیفیات محفل را از اول تا آخر
چنانکه باید و شاید معاینه کردم و از لطف اخلاق و اشفاق
خاصه هم نصیبی وافر بدست آوردم هرگونه احتشام و انتظام
که درین محفل عظمت و شوکت معمور به منصهٔ ظهور رسیده بود
آنرا تا کجا برنگارم علماء و سرداران و مهاراجگان و رئیسان

که برای ایشان راه آمد و رفت و وقت و طرز ملاقات
از ممر اختصاص بطور جداگانهٔ خاص می باشد از اعزه و
عظمای شهر و دیگر اضلاع از هر قوم و ملت زاید از هزار
کس حسب قاعدهٔ سلطنت برای سلام پیش نگاه
عالی جاه حضرت گردون پایگاه حضرت شاهزاده بلند اراده
یکی بعد دیگری میگذشتند و به یمن قبول سلام و توجه نظر
عنایت و التفات عالیجناب شاهزادهٔ والامقام کامیاب
و شرف اندوز میگشتند شاهزاده عالیشان بلند مکان همان
روز بعد شام فارغ از تناول طعام گشته بامعای القاب
نائب السلطنت بهادر و دیگر رفقای باعز و اقبال و مختصری
از دنگ و دوال بمقام بیل گچهیا که بجانب گوشهٔ شرق
و شمال این دار الاماره بفاصلهٔ چند میل واقع است
دعوت گاه اهل اسلام و هنود رعایای اهالی این دیار
را رونق افزا گشت این محفل به بزرگ بوستانی
فسحت نشانی که بانواع درختها و چمن زارها و روشهای

وسیع و خوشنما و انهار و تالابهای دلکش و مصفا و دیگر
ساز و سامان بوستان عشرت انگیز و عمارت سنگین
و نشیمنهای دلاویز آراسته بود حسن انعقاد داشت
و اندرون آن بوستان فرحت افزا خاصته از برای این
فرخنده جلسه مکانی نهایت وسیع چوبی باهزاران صنایع
و تکلفات نو بنو باهتمام صناعان نادرکار این دیار و
استادان انگریزی و چینی بکمال خوش آئینی بعد
صرف زر خطیر درست کرده بودند و انواع روشنی ها را
از گیاستن و ظروف آبگینه وغیره به تمامه باغ و عمارات و
واشجار و منارها وغیره و هم بیرون احاطه و بهردو
جانب راه تا پل چیت پور که از دو میل کم نخواهد بود
بجلوه نمایش در آورده و این طرف پل مذکور محرابی عالیشان
سر به آسمان بکمال خوبی و خوش اسلوبی طیار نموده
بگوناگون صنایع و انواع روشنی هایش بسان عروس
نو برآراسته بودند و این جانب آن محراب شگفت

افزا تا ایوان گورنری از کثرت روشنی و نشانهای
خوش نما رونق و شانی دیگر بر افزودند درین محفل فردوس
مشاکل بسا عماید و رؤسا و اعاظم و کمرا مدعو بودند
و اهالی اینجا که جمله میزبانان این ضیافت بودند باهتمام
و انتظام سرگرمی های تمام داشتند چنانچه حقیر هم از
جمله آنان مع فرزندان و عزیزان در هر امر شریک بود
و همچنانین دیگر جمله میزبانان تاج افتخار بر سر و قبای ابتهاج
در بر به مسرت و خوشدلی تمام شریک انتظام و اهتمام دبوند
بعضی از اول روز و بعضی در وسط و بعضی آخر روز و بعضی
شامگاهان دران محفل رشک نگار خانه چین شرف
اشتراک و تزئین حاصل نموده در اهتمام و انتظام
بسر گرمی کمال اشتغال داشتند بعد رونق افروزی
آن شمع شبستان سلطنت همه میزبانان پروانه وار
بی اختیار بامید آرزوی قدمبوس و جان نثاری سرگرم
مراتب خدمتگزاری کردند و بجا آوری مراسم تسلیم

و تعظیم و استقبال دسته دسته گلهای مسرت و
مفاخرت از گلستان بیخزان عزت و کامرانی چیدند عالی
جناب مهمان محتشم هر میزبانی را برحسب رتبه و پایه
بخلعت و عنایت بنواخت و پرتو نظر عاطفت زاید از
حد چشمداشت بر هر یکی انداخت انواع و اقسام
آتش بازیها که برنگارنگ صنایع و اشکال و ندرت وضعهای کمال
ساخته بودند ساعتی تماشای آن فرمود انواع رقاصان سحرکار
و اقسام خنیاگران و سازنوازان نادر روزگار و نقالان
استاد فن و شعبده بازان یکتای زمن که از بیشتر
جمع بودند یکایک حاضر جلسه گاه می شدند و بعرض و نمایش
فنون کمالات خود می پرداختند عجب لطفی و طرفه سروری
بحاضرین با تمکین حاصل می شد که شرح و بیان آن کار قلم و زبان
هرگز نیست کمرا حاصل مسرت و مباهات آن محفل مینومشاکل
و ارباب آن و بزرگ تر توصیف خوبی و مرغوبی تمامه
ساختمان و بناهای استادان این است که پذیرای خاطر دریا

مقاطر بندگان دارا دربان اسکندر جاه جم بارگاه خاقان اشرف حضرت شهنشاه خورشید کلاه افتاد تا باظهار مسرت خاطر دریا مقاطر در صرف نظر اشفاق و خاقان کلاه گوشه ما میزبانان عبودیت نشان را تا فرق فرقدان رسانید لاسیما ما چند باریابان آستان را که بتکرار باریابی و دولتخواهی مورد مزید اشفاق شده ایم بهر اکامات مرحمت و عنایت که بر اظهار مسرت و ابتهاج خاطر عاطر از لوازم طاعت و مراتب عبودیت یکسر مبتنی بود به شرف و اعزازهای زاید از حد فهم و قیاس مفتخر و مباهی فرمود آری چرا چنین نباشد که هر گونه خلوص و ارادتی که ما اهالی این طرف مملکت داریم و نیز خدمت و طاعت این قوی دولت را از ابتدا تا اینده م نوعیکه ما از ته دل ارادت منزل بجای آریم قاطنین دیگر اقطاع را این سرمایه نیاز کمتر حاصل و آنچه از ته دل می تراود از خدمت و اطاعتهای دیگر کمتر سمان تفاوتی دارد کامل خوشش اقبالی ما سفناد رعایا

امروز بچارسوی عالم مشهور و سربلندی ما سراپا انقیاد
برایا در اقصای شش جهت جهان معلوم ساکنان ممالک
نزدیک و دور سبحان الله این هیچمیرز که جز کاغذ و قلم
از زر و حشم چنین سرمایه ندارد که به نظر کیمیا اثر مالک مال
و جان بخشنده و ستاننده عزت و شان جانشین حضرت
شاهنشاه خورشید کلاه شاهزاده بلند جاه فلک بارگاه نذر
میگذراند و نه همچو منی را جسارت برینگونه امر اهم ممکن
بود مگر نازم بر پرورده پروری و نواخته نوازی عالیشان رئیس
قدر افزا کریم الطبع امیر الامرا معالی القاب نائب
السلطنت گورنر جنرل بهادر که به یمن توجهات کریمانهٔ
جناب ممدوح از شرف باریابیهای چند بار در حضور فیض
معمور بندگان دارا دربان حضرت شاهزادهٔ بلند وقار هم در جلوت
و هم در خلوت چنان همتی بمشاهده اخلاق شاهانه و معاینهٔ اشفاق
خسروانه آن خسرو یگانه زمانه یافتم که در وقتی سعید
و آوانی حمید که اختر طالعم بفر فیروزمندی قران شایان

داشت تخمین رسالهٔ از تازه مدونات خود مسمی به
امیرنامه که بهمین نزدیکی زمانه نوشته ام ارباب سامین صند وقیچه
بنهاده بوسیلهٔ جمیله نواب لفتننت گورنر بهادر پیشکش
حضور فیض معمور عالیجناب معلی القاب شاهزادهٔ والاشان
معلی دودمان ساختم الحمد لله والمنة که آن نذر مورچه ناتوان
در حضرت سلیمان زمان بذروهٔ پذیرائی ما نیکو جا یافت و
شکریه نامهٔ دستخطی عالیجناب سر بارتل فریر صاحب
بنام این گمنام اذل انام مرحمت گردید از ینجا کیفیت وفور
عواطف و اشفاق حضرت شهنشاهزادهٔ والاجاه و

به میدان مسابقت اسپان تشریف فرما شد *

آخر دسمبر روز جمعه عمارات و کارخانجات میدیکل کالج و شفاخانه و دیگر بعض مقامات قابل دیدن را ملاحظه فرموده قریب شام به نزهتگاه گاردن پارتی گورنمنت هوس گلگشت فرما گردید و شب در ایوان تونهال به پذیرای عرض و آرزوی انگلستانی منصب داران جلیل القدر و غیرهم محفل بال یعنی محفل رقص و نشاط انگریزی را زینت بخشید *

روز سر آغاز سال فرخنده فال ۱۸۷۶ هیجده صد و هفتاد و شش عیسوی یوم شنبه اول وقت آن تابنده کوکب برج سلطنت به بزرگ جلسهٔ استار در میدان قلعه پرتو نزول مکرمت شمول انداخت. بیان حشمت و اساس این جلسهٔ عالیه و ساز و سامان بارگاه فلک کارگاه را جای مساعدت وقت و حواس باید تا باجزای قرطاس درآید ناگزیر شرح مفصل وضع و انتظام آنرا موقوف داشته حرف بخلاصهٔ سرانجام کار آن بارگاه باعز و افتخار سطری چند می نگارم *

ظاهر باد که این محفل حشمت مشاکل به یکم روز جنوری ماه
یکهزار هشتصد و هفتاد و ششم عیسوی بر حسب اشتهار
گورنمنت عالی قرار یافته بود و به نصب خیام بارگاهی
باعظمت و احتشام از برای اجلاس حشمت اساس
بلند پایگاه جناب شاهزادهٔ عالیجاه مرتب گردیده و یک
شه نشین سراپا تزئین و دیگر سائر خیام دربار فلک افتخار را
بصدها کرسیها از برای حضرات مخصوصین آن مقام بافر و
احتشام بترتیب غریب بر آراسته بودند و بدو جانب آن
دو خیمهٔ پرتکلف بانشانهای شاهی از برای رخت پوشی
گردون رکاب جناب شاهزادهٔ حشمت آماده و معلی القاب
نائب السلطنت بهادر نصب بود و بازای آن هردو
خیمه های باجلالت و شان در هردو جانب قطار خیمه های رفیع و
خوش نما برای مهاراجگان و نواب و رئیسان که داخل معزز
طبقهٔ ستارهٔ هند شده اند بر حسب مدارج و رتبهٔ هریکی
ایستاده بود و بعد ازان خیمه های دیگر معززان و رئیسان

که مدعو دران بارگاه عظمت کارگاه بودند نصب گشته د
سوای این همه خیام باعز و احتشام دیگر بسا خیمه و شامیانها
از برای دیگر اعزه و عظما قایم بود و توزک شاهی و نشانهای
منزلت را جا بجا برای تمیز هر مکان ذیشان بلند کرده بودند
غرض باصد فر و احتشام و عز و احترام بتزئین بارگاه خیام پرداخته
میدان را رشک گلزار نو بهار ساخته بودند این همه بزرگان
و رئیسان پیش ساعت نه صباحی با شوکت و شان و احتشام
تمام یکی بعد دیگری در وقت معین بجاهای مخصوصه تشریف
آوردند و به ساعت نه صباحی عالی جناب حشمت ماب
شاهزادهٔ ابهت آباد با معالی القاب جناب نائب السلطنت
بهادر تشریف قدوم ارزانی داشت شلکهای سلامی
شاهی بظهور قدوم میمنت لزوم سر شد چون حضرت
شاهزادهٔ بلند اراده و بعد ایشان معالی القاب نائب
السلطنت بهادر بشان و شوکت رئیس دلاور اعظم
طبقهٔ استار از خیمه های خود با نشان و همراهیان بخیمهٔ معاون

تشریف بردند و بر کرسیها بالای شه نشین جلوس
فرمودند دیگر حضرات آن گرامی طبقه نیز موافق مدارج
و قدامت بانشان وشان آن طبقه یکی بعد دیگری بدان
بارگاه رفتند و بجاهای متعینه نشستند انگاه سردارانی و
معززانی که از برای عطای خلعت و تمغای استار
مطلوب بودند مطابق قاعدهٔ مجوزهٔ آن بارگاه فلک کارگاه
رسیدند تمغای درجهٔ اول که بدو رئیس با وقار داده شده
گردون حشمت شاهزادهٔ عالیمرتبت از دست خاص فیض
اختصاص خود بدیشان مرحمت فرمود ارباب درجهٔ دوم وسوم را
جناب چارس امفرستن اچیسن صاحب انڈیا فارن سکریٹری
روبروی جناب حشمت ماب ممدوح داد هنگام عطای تمغه
وخلعت بهریکی از رئیسان شلکهای سلامی بهر قدر
برای ایشان مقرر است سر می شد بعد سرانجام مرام
این بارگاه فیض کارگاه صداهای سرور و تهنیت و نواهای
مبارکباد بلند گردید و هنگام اتمام جلسهٔ سلامی شاهی از قلعهٔ

فورت ولیم سر شد راقم سطور که به یمن اعزاز بخشی حکام والامقام امتیازی تمام خاصان دارد درین بارگاه عظمت کارگاه بجماعت اعزهٔ مطاوبین حاضر بود و جمله کار روائیهای این بارگاه عظمت کارگاه به چشم خود معاینه نموده

همان روز آخر وقت بندنقاب تمثال بی مثال عالیجناب لارد ارل آف میو بهادر پیشین گورنر جنرل هند راکه دم تحریر نام نامی آن دلاور گرامی جگر قلم شق میگردد و اشک حسرت از دیدها می چکد عالی جناب شاهزاده بلند اراده بدست خاص مکرمت اختصاص بکشاد و بعد از شام بتماشای آتشبازی های حیرت افزا رونق افروز میدان فسحت نشان گشت درین آتشبازی هر قدر تمثیل صنایع گوناگون و تشکیل اشیای بوقلمون از قسم گلکاری و حروف و عبارت زرنگاری و صفای روشنی های رنگارنگ و تماشای قلاع و میدان های جنگ و نمایش گلزارهای پربهار

با انواع نقش و نگار بکار برده بودند هیچ آتش بازی را یارای
بیان اوصاف آن نیست بساکنان جاهای دور بالای
امکنه و قصور تماشای ستاره‌های ضیاکار و رنگین شرارهای
سراپا انوار و اغصان پرگل و بار آتشین درختان رشک
نوبهار را از مسافت چند چند کروه دیدند و بخانه‌های خود نشسته
گلهای تفرج آن گلزار نوبهار بخوشی تمام چیدند ندانم که بتابش
ضیای آتشبازیها همه شهر روشن بود یا بفیض انوار کرم
اخلاق مهر درخشان آسمان سلطنت آنهمه تابانی در چشم‌ها
می‌نمود غرض بهرصورت انچه بود همه از فیض قدوم آن عالی
جناب عظمت مآب بود بعد ازان بمعیت معلی القاب
نائب السلطنت بهادر ساعتی به تماشای غریبهٔ انگریزی
تهیتر تفریح طبع همایون فرمود

سوم جنوری روز دوشنبه بعد نیمروز در سنت هال رونق
افروز ایوان بزرگ آموزشگاه یونیورسیتی کالج گشت
اهالی انجا که کاملان استادان فنون علم و هنر اند بظهور هرگونه علم

واستعداد ذاتی وکسبی بذات کامل الصفات رفیع الدرجاتش جناب ویرا لعالی خطاب ڈاکتر آف لا یعنی حکیم دانش آگاه علوم مخاطب کردند و به همین تاریخ بعد تناول طعام شب عالی جناب ممدوح قریب ساعت ده از شب به مقام استیشن هوڑا واقع آنروی آب گنگ رونق افزا گشت درین شب اهالی ریلوی پل جدید بالای گنگ و دیگر جاهای آن طرف را به محرابها و دیگر انواع سامان روشنی از شیشه آلات وغیره مزین کرده بودند و استیشن هوڑا را بکمال تکلفات برآراسته و از شموع و قنادیل وغیره منور ساخته عالی جناب ممدوح آن همه آرایش را به مسرت و خوشدلیها تماشا فرموده بر ترین وگارتی خاص که مخصوص برای آن حشمت اختصاص بود سوار شد و روانه شهر عظیم آباد پتنه گردید *

چهارم جنوری سه شنبه چاشت هنگام بفرودگاه باقی پور متعلق شهر نزهت بهر پتنه رونق افروز گردید چون سامان جاه وحشم برای استقبال آن همایون فال از قسم فیلان

با هودج و نشان و دیگر اسباب تجمل و شان از پیشتر
در انجا بحسن اهتمام صاحب کمشنر و دیگر حکام بلند نام و رؤسای
کبار سایۀ شعار انجا مهیا بود مراتب تعظیم و استقبال
بالطف و خوبی کمال مؤدا گشت عالی جناب ممدوح بمعیت
جناب لفتننت گورنر بهادر به خیمه که بارگاه قرار یافته بود نزول
اجلال فرمود رئیس باعز و توقیر امیر ابن الامیر جامع محاسن
حمیده متصف به صفات گزیده جناب اخوی اعزی حاجی سید
ولایت علی خانصاحب و مهاراجه دیو میرجی پرکاش سنگه
بهادر کے سی ایس آئی که این هردو رئیسان نامدار در آوان
قحط سالی به سعی کثیر و صرف مبالغ خطیر تائیدهای نمایان
در آن اطراف کرده بودند بطریق خصوصیت باریاب ملازمت
گشتند و از کلمات شفقت و مرحمت خسروانه بهرهٔ کامل حاصل
نمودند و هم چنین دیگر اکثر رؤسای نامی و امرا و عظمای گرامی
مانند سید لطف علی خان صاحب و سید محمد حسن خانصاحب
وغیره هم که حاضر بارگاه عظمت کارگاه بودند نیز از شرف

حضوری و استماع کلمات مرحمت آیات بمزید اعزاز و امتیز معزز و سرفراز گردیدند اهالی انجا سپاس نامهٔ با ظهار مسرت قدوم فیض لزوم و شکرگذار بهای این سلطنت دوران عدت بگذرانیدند و به پذیرائی آن اعزاز و افتخار بیحد و شمار یافتند عالی جناب ممدوح از انجا بمقام بنارس رونق افزا گردید مراسم تعظیم و تکریم چنانکه باید و شاید بتقدیم رسید و مهاراجه صاحب و زیانا گرام بافراد ان اهتمام و احتشام باستقبال ان همایون فال پرداخت اینجا ملاحظهٔ مندرها فرمود و ایوان نونهال راکه باهتمام مهاراجه صاحب بهادر درست شده بود بکشاد و بنای هسپتال نیز بدست خاص خود نهاد روشنی جمله مقامات انجا علی الخصوص برکنار دریا بانهایت زیب و زینت و صفا بود بتاریخ ششم از انجا به شهر لکهنو تشریف فرما شد اهالی انجا مراسم سلامی و تعظیم با هم لطف و خوبی ادا نمودند یازدهم روز از انجا براه کانپور بمقام دهلی فایز گردید درین شهزاده از پانزده هزار عساکر پیاده و سوار برای

ادای مراسم استقبال و بهامی حاضر بودند در ینجا قلعه و مسجد جامع ولات قطب صاحب و یغره مقامات مشهور را ملاحظه فرمود نمایش قواید افواج و روشنی وغیره نیز اینجا خوب بود بعد سیر دهلی رونق افزای شهر لاهور گردید انجا اهتمام روشنی بباغ شالمار با تماشای فوارها وغیره بنهج خاطر پسند کرده بودند پس از سیر و تماشای آنهمه متوجه خطهٔ جنت نظیر کشمیر گردید و بگاگشت آن مرزمین بهار آگین حظ و مسرتی کامل حاصل فرمود توزک و سامان پذیرفتگاری و تعظیم و تکریم ازطرف مهاراجه صاحب والی انجا بفراوان خوبی و خوش اسلوبی مهیا گشته بود بعد سیر و تفرج آن خطهٔ دلپذیر عنان توجه بطرف وزیراباد منعطف ساخت و از راه لاهور بمقام امرتسر رونق افروز گشته بعد ملاحظه مندر طلا و تماشای روشنی انجا نهضت فرمای مقام آگره گردید و درمقام راجه پور با مهاراجه پتیاله ملاقات فرموده ازانجا بمقام فتح پور سیکری و سپس بمقام گوالیار باهمه عز و افتخار رسید و ازانجا

باز باگره تشریف آورد زان بعد بمقام جیپور شرف قدوم
برد در بن ایمه مقامات بملاحظهٔ هرگونه فر و احتشام تعظیم و
استقبال و ظهور وفور اطاعت و محبت از طرف روسا
و فرمانفرمایان مملکت هند به مسرت و خوشنودی کمال
و تفرج اکثر نزهت پیوند و مقامات دلپسند بغایت
مسرور و خرسند گردید سپس از راه مراداباد و کمایون
بطرف حدود سلطنت نیپال برای تفریح و شکار شیران
و فیلان و دیگر انواع جانوران انجا نهضت فرما گشت اگرچه
در خاص شهرهای آن ریاست تشریف نبرد فاما در حدود ان
ریاست هر قدر سامان و کروفر برای تعظیم و تکریم و ادای
مراسم استقبال آن همایون فال مهیا کرده شده بود مسرت
خاطر عاطر عالی جناب ممدوح را بدرجه ها برافزود بعد فراغ از
سیر و شکار آندیار بعلاقهٔ رام پور رسید و از انجا ببلده بریلی
و از انجا به سواد الهاباد رونق افروز گردید و از الهآباد بمقامات
اندور و جبلپور و کهندوه و غیره سیر و تفرج کنان بتاریخ

یازدهم مارچ ماه باز داخل بندر بمبی گشت مراسم تعظیم واستقبال آن همایون فال درین شهر نزهت بهر که بورود مکرر مورد مفاخر بجد و مر گشته بود مجددا همان ساز و سامان و شوکت و شان بمنصه ظهور رسید و از طرف اهالی انجا تازه سپاسنامه بحضور فیض معمور گذشت و بفر اوان مسرت وعنایت قرین ذروه قبول و پذیرائی گشت الحاصل یکروز در بمبی اقامت فرموده بتاریخ سیزدهم ماه مارچ یوم دوشنبه که همانروز روز نزول اجلال در حدود ممالکت بندر بمبی بود سوار مرکب سراپس شد و با مراکب همراهی دیگر و معیت افضال خداوند بی‌همال بادبان عزیمت بطرف وطن مالوف بر افراشت الهی هزار قافله دلهای با صدق و صفا و جوق جوق کاروان دعاهای اجابت انتما تا مدت زمان رفیق ونگهبان آن خسرو والاشان باد

بخش ششم

در ذکر برخی از حالات ترقیات راقم آثم بعهد معدلت مهد عالی جناب فیضمآب ممدوح

چون سلطنت علیه برطانیه درحق شناسی و قدر افزائی متوسلان قدیم و دولتخواهان صمیم بیعدیل و سهیم افتاده است غایت عنایت خسروانهٔ حضرت شهنشاه کیوان پایگاه هند وانگلند و مزید توجه مربیانهٔ عالی جناب معلی القاب نائب السلطنت وفرط مکارم اشفاق عالی جناب لفتننت گورنر بهادر یگانهٔ آفاق این متوسل و خیرخواه قدیم را بطرفه مرحمت و قدر افزائی جدید معزز و سر بلند گردانید و این مشت خاک را بنظر توجه کیمیا اثر رتبهٔ اکبر بخشید احباب والا جنابم شمع کامرانی بکاشانه مسرت و شادمانی برافروختند و اعدای حسد انتما پروانه آسا بآتش رنج و الم درسوختند انعدیل دل

در تشریح مقال آنکه بتاریخ هفدهم ماه دسمبر سال یکهزار و هشتصد
و هفتاد و پنج روز مبارک آدینه اعطای خلعت و خطاب
مستطاب نواب باین خاکسار سراپا انکسار از سرکار سپهر
اقتدار قرار یافت و انوار مهر عنایت سلطنت علیه برطانیه بر
ساحت حال این ذره تمثال بر تافت چنانچه درباری پر وقاری
از برای صاحبان و روسا و راجگان عالیشان و خوانین و شاهزادگان
بلند مکان در همین تقریب میمنت قریب بمزید توجه و اهتمام
حسن انعقاد و انتظام یافته بود چون درین وقت به تقریب
قدوم میمنت لزوم عالی جناب معلی القاب ولیعهد سلطنت
برطانیه جوق جوق عماید و روسا درین شهر نزهت بهر اجتماع
داشتند هجوم عماید و روسا و خوانین و امرا درین دربار پروقار هم
بیش از پیش بوقوع آمد جمله عماید و روساکه مدعو درین دربار
پروقار بودند قریب ده ساعت مسائی بایوان عالیشان بلویدیر
بیت الحکومت خاص عظمت اختصاص عالی جناب نواب
لفتننت گورنر بهادر داخل گردیدند بعد رونق افزائی جمله روسای

بانده وقار و جلوه آرائی عالی جناب لفتننت گورنر بهادر عالی تبار
والا شان معدن جود و احسان مستر بکلند صاحب پرایوت
سکرتری گورنمنت بنگاله دست این اخلاص پرست گرفته
بخلعت خانهٔ فیض کاشانه برد و از بیش بها رختهای پر تکلف
و خوشنما با تمامیان مروارید و جیغهٔ مرصع و دیگر جواهر گران بها و
شمشیر و سپر وغیره که تفصیل آن همه مندرج ذیل این تحریر
نموده می آید بدست خاص عنایت اختصاص خود مخلع فرموده
روبروی عالی جناب فیضمآب نواب لفتننت گورنر بهادر آورد
جمله حضرات حاضر این دربار پر وقار در آن وقت پیرامونم
گرد آمده حلقه بر بسته بودند تو گوئی مرکز دایرهٔ ظهور عنایت های
بی منتهای گورنمنت عالیه ام ظاهر می نمودند الحق پرکار عنایت
سرکار طرفه دایرهٔ شرف و عنایت گرد نقطهٔ وجود
بی نمودم کشیده بود اگر پرکاروار قدم از سر سازم و پیرامون
دایرهٔ شکرگزاری این سرکار والا تبار بسعی و سرگرمی
پردازم بمقدار یک نقطهٔ موهوم هم از عهدهٔ شکر بحدود

و شمار سر کار بر آمدن دشوار است همدران وقت جناب فیض مآب سکرتری ممدوح سند عطای خطاب را که بر کاغذ چرمی طلائی بدستخط خاص فیض اختصاص جناب معلی القاب نائب السلطنت مزین و سجل بود باعلان تمام قرائت فرمود و فی الفور صدای مبارک باد از هر سو بلند گردید عالی جناب نواب لفتننت گورنر بهادر تقریری بکمال شیوا زبانی متضمن تحسین خدمت گذاریهای جدید و قدیم این خیر خواه صمیم بیان فرمود و یکیک کارگزاری و جان نثاری این خیرخواه بلا اشتباه را بزبان گهر فشان خود ستود شرح آن کار گزاریها درکتاب امیر نامه بتفصیل تمام زیب ارتسام یافته است علاوه آن همه کارگزاریهای قدیم - کارگزاری جدید - کمیشن مرشدآباد را نیز عالی جناب ممدوح بکمال فصاحت شرح بیان داد و سر عزتم را بر فرق فرقدان بنهاد *

دردانه

در ذکر شرایف احوال فیض اشتمال عالی جناب معلی القاب سر ریچرد تمپیل صاحب بهادر کے ۰سی ۰اس ۰ای نواب لفتننت گورنر کشور بنگاله

حبذا قهرمان مهربان این گزین کشور داور معدلت فرفیض گستر که عدل را بذات فیض آیاتش نازشی است وبذل را از وجود کرم آمودش طرفه نوازشی اوست که فاغیه کرم و اخلاقش در چارسوی جهان افتاده است وشهره جود و انصافش غمزدگان گردش های گردون گردانرا صلای عام و حکم دوام دیو علی العیش درداده نازم برخوش طالعی رعایای این ملک که عالی جناب معلی القاب ممدوح فرمانفرمای شفیق و مهربان شان صرف برای آسایش جسمانی شان به بذل وعدل همتی شایان

برگماشته است بلکه بترویج علوم و فنون و اشاعت تعلیم و تهذیب در آسایش روحانی و آرایش نفسانی شان نیز عنایتی و توجهی نمایان زیاده تر از ان مبذول داشته چون تعداد اصناف اوصاف این حاکم داد گستر معدلت پرور افزون از یارای تحریر و تقریر است لهذا در ذکر مدح والایش صرف به بیتی چند اکتفا می سازم سپس بشرح اجمالی حالات تاریخی جناب فیضماب ممدوح می پردازم*

*** نظم در مدح ***

• افسر والا مقام لارڈ ذوی الاحتشام •
• زبدهٔ ارکان شاه اسوهٔ جمع عظام •
• آنکه گزین نام اوست سر ریچرڈ تیمپل •
• و انکه ازو ملک راست رونق حسن نظام •
• ذات وی اندر جلال رشک خور نیمروز •
• حسن وی اندر کمال غیرت ماه تمام •
• یمن قدمهاش بین کرد درین سرزمین •
• کشور بنگاله را همسر دار السلام •
• علم بفیضش چنان گشت محیط جهان •
• هست بسا کورده اهل نظر را مقام •

عدل بتائید او هست چنان مقتدر
روی ستم را کسی ننگرد اندر منام
ذاکر اوصاف او جمله صغار و کبار
شاکر الطاف او جمله خواص و عوام
هرکه بظلش جهان یافته عهد امان
کیست جز او زیر این گنبد فیروز فام
کیست چو او زیر چرخ محتشم و ذی کرم
کیست چو او بر زمین مشتهر و نیکنام
در ره کسب وقار هست بهر ذی تبار
بارگه عام او خاص پی استلام
عقل و نظر از سرش اوج گرا روز و شب
شمس و قمر بر درش ناصیه سا صبح و شام
گردش دور زمان تابع فرمان اوست
خنگ فلک را کنون هست بدستش عنان
همتش از ظلم و قهر حافظ هر مستغیث
نعمتش از جور دهر حامی هر مستهام
گشت مکین در دمش رحمت جان آفرین
هست معین هر دمش عیسی گردون مقام
یک نظر قهر او موجب صد درد و رنج
یک نفسی مهر او باعث عیش مدام
حرف ز مدحش زدن نیست سزای چو من
به که رسد بر دعا نوبت ختم کلام
تا بود ایام دهر باد مطیعش فلک
تا بود ادوار چرخ باد جهانش بکام
تاکه ببزم جهان جام فلک راست دور
باده گلرنگ عیش باد مدامش بجام

بیان مجملي از تاریخي احوال محامد اشتمال عالي جناب فیضماب ممدوح

مخفی نماند که عالیجناب فیضماب ممدوح خلف اشرف مر آرتیمپل بهادر جی تیس آف دی پس نیش کیمپسی من مضافات اورمیستر شیئر بود در اوایل زمان بمقام رگبی نزد داکتر آرنلد صاحب باستفادهٔ علوم پرداخت بعد ازان در ایست انڈیا کالج بمقام هیلیبری پیش داکتر تیت صاحب مشغول بکسب و اشتغال فضائل و کمال ماند در آن هنگام بنمبر اول طلبه علوم فائز بود تا آنکه انعامات متدل زبان لاطینی و فن قانون و فن تاریخ و فنون سیاست مدن را بارها تاماں کرد و بتاریخ هشتم جنوری سنه ۱۸۴۷ ع رونق افروز کشور هندوستان گردید و بترقیات مناصب مفصله ذیل مراتب اعزاز و ناموریهای بیش بها دریافت اول بدفاتر هند در سنه ۱۸۴۸ ع اسسٹنٹ مجسٹریٹ مقام متهرا گردید و در سنه ۱۸۴۹ ع ازان ترقی نموده بر عهدهٔ جوینٹ

مجسٹریٹی مقام الہ اباد رسید و از سنہ ۱۸۵۱ ع حاکم
بندوبست ملک میان دوآب یعنی جالندر و رچنا و چک حاقہ
پنجاب گشت و نیز ماموز گردید بطیاری رپورٹ ملک
پنجاب و پنجاب سیول کوڈ حسب الحکم جناب سر هنری
لارنس و سر جے. لارنس و سر رابرٹ منٹگمری صاحب بهادر
و در سنہ ۱۸۵۴ ع و سنہ ۱۸۵۵ ع بر عهدهٔ سکرتری چیف
کمشنر پنجاب کامیاب ماند تا در سنہ ۱۸۵۶ ع بولایت
تشریف برد و ازانجا در آخر سنہ ۱۸۵۷ ع باز مراجعت کرد
و همراه سر جان لارنس صاحب بهادر چندی در دهلی کارفر
ماند سپس در سنہ ۱۸۵۸ ع باز بعهدهٔ سکرتری چیف
کمشنر پنجاب کامیاب گشت و در اواخر همان سال بعهده
سکرتری گورنمنٹ پنجاب ماموز گردید و تحریر فرمود حالات
باشندگان آنطرف سرحد دریای اندس را در همان جا و د
سنہ ۱۸۵۹ ع کمشنر قسمت لاهور و هم اسپیشل کمشنر
برای تلافی آزار یافتگان ایام بغاوت مقرر شد زان بعد

از سنه ۱۸۶۰ع بر عهده های هیدکمشنری پیپر کرنسی و چیف اسستنتی فاینانشل ممبر کونسل ماتحت جمس ویلسن و ممبر بنگال اندیگو کمیشن در محلیکه مستر سیتنکار صاحب صدر انجمن بود و ممبر ملیتری فاینانس کمیشن که سر جارج بالفور پریسیدنت آن بود سرفراز و ممتاز ماند و نیز پریسیدنت سیول فاینانشل کمیشن و ممبر بطرف کمیشن برای اهتمام پولس هند مقرر گشت و هم در اراکان و بیگو و تناسرم همراه کرنل اچ بروس صاحب برای رپورت طریقه چیف کمشنر شپ در خصوص ملک برما متعین ماند و در سنه ۱۸۶۱ع از طرف لارد کیننگ بهادر خاصةً در کارهای خزانه قسمت حیدرآباد دکن و ناگپور و ساگر و جبلپور مامور گشت و نیز چیف اسستنت فاینانشل ممبر ماتحت مستر اس لینگ صاحب گردید و در سنه ۱۸۶۲ع و سنه ۱۸۶۴ع چیف کمشنر سنترل پروانسس مانده باز در سنه ۱۸۶۵ع رخصت فرمای انگلستان شد و در سنه ۱۸۶۶ع

سی. اس. آئی. و چیف کمشنر ممالک حصهٔ اوسط هند گشت و در سنه ۱۸۶۷ ع کے. سی. اس. آئی. و رزیدنت ریاست حیدرآباد دکن گردید و در سنه ۱۸۶۸ ع فارن سکرتری و سکرتری استار آف اندیا مقرر شد و فاینانشل ممبری کونسل و هم تیاری تنانسی بیل علاقهٔ ملک پنجاب بذات بابرکات شان متعلق بود. و شمول سر ڈبلیو مینسفیلڈ و مسٹر جارج ٹگسن تحریک داد اجرای سکهٔ طلائی را در هندوستان و در سنه ۱۸۶۹ ع باز رهگرای ولایت انگلستان گشت و در سنه ۱۸۷۰ ع و سنه ۱۸۷۴ ع فاینانشل ممبر کونسل شد و از طرف سکرتری آف استیت بر میعاد معینهٔ معمول دفتر انجا مدت یک سال برای جناب وی افزودن کرده آمد و نیز جناب وی از سنه ۱۸۷۱ ع تا سنه ۱۸۷۳ ع پریسیدنت سنترل کمیٹی در هندوستان برای انٹرنیشنل نمایش گاه کینسینگٹن بود و در همان آوان برای اجرای طریقهٔ بیمهٔ زندگی انسان در ممالکت هندوستان سعی جمیل بحضور

گورنمنٹ فرمود و در سنه ۱۸۷۴ع برای انتظام ایام قحط و محفوظ ماندن بندگان از بلاهای آن باضلاع بهار و اطراف ترهت و دربهنگه و دیگر مقامات بنگاله مامور گردید و بانتظام و اهتمام شایان در آن فراوان سرمایهٔ نکونامی اندوخت تا در همان قرب زمان بر منصب والای لفتننٹ گورنری بنگاله باهمه عز و اقبال عروج کمال یافته شمع بلند نامی در شبستان جهان به بهین آئین برافروخت و در سنه ۱۸۷۵ع هم در مقامات قحط کوشش های شایان و تدبیرهای نمایان از جناب فیضمآب ممدوح بمنصهٔ ظهور رسید و از جمله کارهای نمایان این عالی شان یکی آنست که در خصوص مسودهٔ رپورٹ پنجاب و پنجاب سیول کوڈ از سنه ۱۸۵۴ع تا سنه ۱۸۵۹ع حسب الحکم گورنمنٹ عالی توجه و اهتمام تمام مبذول داشت دوم آنکه برای اشاعت علوم و فنون در اکثر جا اسپیچ ها فرمود و همتی بر ترغیب و تشویق جمله ساکنان این ملک برگماشت *

و واضح باد که کمال ملکه و دستگاه این والاجاه در جمله

علوم و فنون مدبما در فن سیاست مدن بحدیست که خامه دوزبان شرح یک شمه از آن نتواند داد و هرقدر تالیفات را بیقه درین فن از خامه مشکین شمامه این والاجاه خرد دستگاه چکیده و منافع رسان گورنمنت و رعایا هردو گردیده شرح آنرا دفترها باید درین مختصر صرف فهرست اجمالی آن بیان نموده می آید اول رپورت درباب عابران دریای اندس دوم منت درباره ذیل بنگاله سوم رپورت در خصوص ممالک اوسط هند از سنه ۱۸۶۲ع تا سنه ۱۸۶۶ع ازین رپورت کمال دستگاه آن والاجاه در مملکت رانی واجرای قواعد جهانبانی به نیکو وجهی ظاهر و باهر میگیرد چهارم رپورت پبلک اوپنین درمیان نیتو پنجم تالیفی مشتهر بنام هسلپ پیپر متضمن بیان زبانهای اصلی که میان اوسط هندوستان جاریست ششم بحث و فاینانشل کیفیت از سنه ۱۸۶۸ تا سنه ۱۸۷۳ع و ازین تحریر ظاهر می شود حیثیت کمال فاینانشل پالیسی جناب وی به نسبت دیگر بحثها

که مباحثه دران همه به محکمه لیجس لیتو کونسل نواب گورنر جنرل واقع گردید - هفتم تحریری در بیان کیفیت تجارت مابین انگلند و هند و همچنین دیگر چند تحریرات فصاحت آیات که در لیجس لیتیو کونسل نواب گورنر جنرل متضمن بیان افزایش رواج نوٹ و رپورٹ بنگاله بگذشت و نیز چند تقریرات بالاغت سمات که هم در لیجس لیتیو کونسل بائین دلنشین از زبان فیض ترجمانش فیضرسان بسمعان گشت علاوه برین منتهای چند خاطر پسند در ماده تربیت و تعلیم هم از خامه فیض شمامه آن یکتای زمان بر آمده باعث منافع عظیم در خصوص تربیت و تعلیم گردید *

و نیز مخفی مباد که دودمان جناب ممدوح از جمله دودمانهای بانام و نشان مملکت انگلستان است و عقد ازدواج جناب فیضمآب ممدوح اول در سنه ۱۸۴۹ع با شارلت فرانسیس دختر خرد بی · مارتیل اسکویر متوطن خاص

انگلستان بوقوع رسیده بود سپس در سنه ۱۸۷۱ با میری اکستا دختر کلان مس ۰ آر۰ لنگ مسی اسکوبر که سیول سرونت بنگاله و جج چیف کورت پنجاب بود ثانیاً ازدواج فرمود از بطن زوجه اول دو پسر والاگهر و یک دختر بلند اختر و از بطن زوجه دوم صرف یک پسر باعزو فر بوجود آمدند *

واز خصائص صفات و شرائف خصوصیات جناب فیضمآب ممدوح یکی ظهور وفور اخلاق و مزید عنایت و اشفاق است با جماعه اقوام از هنود و اهل اسلام بالالحاظ مخالفت مذهب و ملت و اختلاف السنه و اوضاع ایشان غایت بذل همت باجرای سلسله روابط محبت و موانست میان هریکی ازین مختلف کیشان و از نجاست که هرگاه بر جهاز دخان برای اکتساب هوا در ایام گرما سوار گردید جماعه عمائد و روسا را بدعوت بی تکلفانه بنواخت و به مجالست و مکالمت از سر کمال اخلاق و اشفاق هریکی را معزز و سر بلند ساخت چنانچه طریقه تقرر و جلسه دعوت رقص و

سرود بلوبدیر هوس را نیز صرف برای همین مدعا ترقی ها داد و جمله روئساء مختلف الاقوام را باجتماع واشتراک دران هدایت ها فرمود تا ابواب موالفت دموانست باهمی درمیان جمله اقوام برای دوام مفتوح باشد *

دوم در تمام ملک بنگاله گردیدن وحالات هر ضلعه و قریه را بنظر تفصیلی خود دیدن بانتظام مهام و درستی نقائص هر مقام پرداختن و صورت آشایش و آرایش رعایا را بوجه کمال در آئینه احوال شان جلوه گر ساخت *

سوم صرف توجه موفور بانتظام ایام قحط که قبل از جلوس بر مسند والای لفتننت گورنری از رهگذر کمال شفقت وغایت رعایت برحال رعایای این ملک صعوبات سفر را بر نفس نفیس خود برداشت و یک یک مقام قحط را بنظر رافت اثر ملاحظه فرمود و انواع طرق پرورش و آشایش رعایا باجرای کارهای تعمیرات وغیره تجویز نمود راقم نیز دران هنگام درمقام باڑه در همین کار گویا باقتضای آثار آن

جناب فیضمآب مصروف و مشغوف بوده بکمال بذل شفقت و رافت جناب ممدوح را نسبت بحال نشئت اشتمال جمله رعایا و سائر برایا بچشم خود معائنه نموده است *

چهارم تجدید حسن انتظام و اهتمام در میونیسپل کمیشنری رای والای خود را درین باب بچنان متانت و استحکام اعلام فرمود که جمله کارکنان ذی فهم و لیاقت را بجز قبول و مدح و توصیف رای والایش چاره نبود *

این همه که گفته شد بیان فیوض و احسانات عامهٔ جناب فیضمآب ممدوح بود اما فیوض و احسانات خاصه که نسبت باشخاص خاص و ارباب خصوصیت اختصاص از انجناب فیضمآب مبذول و مشمول می باشد یکی ازان جمله اشخاص و ارباب خصوصیت و اختصاص منم که بمزید مکارم و مراحم و فیوض و احسانات جناب فیضمآب ممدوح از عمری دراز معزز و سرفراز بوده ام هرچند احسانات بی حد و حساب انجناب فیضمآب نسبت باین هیچمیرز

زاید از یارای شکر و سپاس این عجز اساس بحدیست
که اگر هر موی تنم برای ادای سپاس بحر و قیاس
زبان خویش بیان گردد لفظی ازان کتاب و حرفی ازان
باب سودا گردیدن دشوار و خارج از حیز اختیار است اما
بفحوای مالایدرک کله لایترک کله بعضی احسانات جدید
محسن قدیم خود را درینجا می نگارم *

از جمله احسانات جدید یکی آنست که از رهگذر کمال
قدردانی و غایت رعایت حقوق خیرسگالی راقم آثم خدمت
تولیت امام باڑه هوگلی را بفرزند اعز و ارشدم
مولوی سید اشرف الدین احمد خان بهادر عنایت فرمود *

دوم انکه هنگام مرحمت گردیدن خطاب نوابی از گورنمنت
عالی باین خاکسار ذره بیمقدار درباری به نهایت توجه و
اهتمام و غایت اعزاز و احتشام از کمال رافت و قدردانی
منعقد فرمود و عمائد و معززان این شهر را از هر کیش و
طبقه دران دربار پروقار بطریق دعوت طلب نمود هنگام

اجتماع عمائد و معززان ذی احترام از هنود و اهل اسلام

و دیگر اقوام فرمان والاشان گورنمنت عالی را مع خلعت

بیش بها باین راقم خاکسار بکمال اعزاز و افتخار عطا فرمود

و بذکر حالات خیر خواهی و کارگذاریهای راقم که بزمان بغاوت

وغیره بمنصهٔ ظهور رسیده بود و مراتب اعزاز و امتیازم را

بیش از بیش افزود خداوند کریم ذات فیض آیات

جناب فیضماب ممدوح را باین همه محامد و اوصاف جمیله و مکارم

اخلاق جزیله دیرگاه صحیح و سلامت دارد و جمله مرادات دلی

جناب فیضماب ممدوح بتفضل عظیم و کرم عمیم خود برآرد *

این دعا از من و از جمله جهان آمین باد

ترجمهٔ

تقریر مرحمت تخمیر عالیجناب والا پایه لفتننت

گورنر بهادر حدود بنگاله

می خواستم که اینوقت آنچه مقصود است بزبان اردو

تقریر کنم که بدان همیشه باشما گفتگو میکنم * و لیکن

فرموده اند حضراتیکه اینجا حاضر اند نزد ایشان نواب امیر علی خان بهادر شخص اجنبی نیستند بلکه ایشان از محاسن اخلاق خود از مدت دراز نهایت مشهور و معروف و عزیز دلها هستند. هنگامیکه عدالت عالیه صدر دیوانی قایم بود و بد فاتر هر عدالت زبانهای اردو و بنگاله جاری بود آن زمان نواب صاحب عهدهٔ وکالت را بچنان حسن و خوبی انجام دادند که از معامله فهمی و خوش بیانی ایشان جمله حکام و اهالی معامله راضی بلکه مداح ایشان می ماندند و آن کارروائیها چنان بود که درینروزها بکار آمد وکلای عدالتهای

اینوقت است نواب صاحب در سال ۱۸۵۷ هیجده صد و پنجاه و هفتم عیسوی هنگام مفسده پردازی بلوائیان بنظر بجا داشتن امن و امان و خیر سگالی رعایا و دولتخواهی سلطنت متحمل محنت های شاقه شدند و بمقام پتنه رفتند و درین خصوص مسطر سیمویلس صاحب کمیشنر پتنه را تائید ها فرمودند که به تبئین آن انقدر از رپورت مسطر سیمویلس صاحب راکه به نسبت نکوتر انتظام ایشان نگاشته اند می خوانم و گذارش گذار حضار میکنم بعد ازان در سال ۱۸۶۷ هیجده صد و شصت و هفت عیسوی هنگامیکه در کارخانجات خانگی معلی القاب عظمت مآب بادشاه اوده قصور و فتور رو داد نواب صاحب چنان انتظام شایسته درانخصوص فرمودند که جمله امور مالی انجا به نهایت خوبی درست گردید چنانچه بارفیع القدر شاهزاده بهادر اوده همین وقت به همین محفل ملاقاتم شد جناب شاهزاده موصوف بمن فرمودند که از فرط اهتمام نواب صاحب چنان انتظام نیکو بامور معلی القاب

حضرت بادشاه بعیان آمده که هرکس ثناخوان نواب
صاحب میباشد ومن ازین امر نهایت مسرور شدم که
جناب شاهزاده بامن بزبان انگریزی گفتگو کردند که این هم
یک نتیجهٔ از حسن انتظام واهتمام نواب صاحب است
بالفعل درخصوص انفصال دیون جناب نواب ناظم بهادر
مرشدآباد ارباب گورنمنت جویای اشخاصیکه از ایشان
اینکار بانجام رسد گردیدند بعد تقرر صاحبان یوروپین از
اهالی این ملک سوای نواب صاحب کسی لائق انجام این
امر اهم در رای رزین ارباب گورنمنت یافته نشد تا
ایشان را به ممبری این امر منتخب کردند برحسب آن
نواب امیرعلی خان بهادر بنهایت اهتمام جمله امور را
حسب خواه درست فرمودند لهذا معلی القاب نائب
السلطنت گورنر جنرل بهادر بصله حسن خدمات ایشان را
خطاب نوابی عنایت فرموده اند که این بزرگ خطاب
درین زمان خیلی معزز وخاص الخاص است علاوه برین
مرا به تجربهٔ خاص خودم لیاقت وقانون دانی نواب صاحب

هنگام انضباط قانون رجستری نکاح مسلمانان معلوم
شده است که درانوقت مرا تائید معقول فرمودند و صلاح نیکو
در انخصوص دادند اکنون بنواب صاحب مبارکباد میگویم
و امید میدارم که ایام زندگانی شما را خدا دراز کند که از
خطاب مستطاب کامیاب شوید و همیشه بصوابدید و خیر
خواهی ملک همبرین عنوان کوشان باشید و سایهٔ شما بر سایر
همقوم و هم کیش شما ممدود باد *

بعد ختم این تقریر دلپذیر عالیجناب حشمت ماب ممدوح حمائل
بیش بهای چیده دانهای مروارید از دست خود بگردن
راقم الحروف انداخت از زبان عنایت ترجمان بادشاد کلمه
مبارکباد نواخت سازندگان انگریزی بکمال خوش اوائی صدای
زمزمهٔ مبارکباد بلند کردند و از حضرات حاضرین با عز و تمکین
هریکی لب بمبارکباد بکشاد *

خاتمه

با همه عجلت و اضطرار و هجوم مشاغل و افکار در عین
وقت خواهش این سراپا کاهش باتمام رسید اول
هنگام اغاز این نامه خیال چندان استعجال نبود لیکن
چون در همین اثنا خبر ستعفی شدن عالیجناب معلی القاب
ممدوح والاشان ویسرای بهادر قرع سمع این ناتوان
کرد و به یقین معلوم گردید که عالی جناب ممدوح بکمال عجلت از
کشور هندوستان نهضت فرمای ولایت جنت نشان
انگلستان خواهند گردید خیال اتمام تالیف این رساله قبل از
تشریف بری عالی جناب معالی القاب ممدوح که همگی مدتش زیاده
از دو ماه باقی نبود بیش از پیش برافزود نازم برافضال
بیهمال خداوند مفضال که بعون عنایت بیغایتش با همه
ضیق الفرصتی از کارهای ضروری سرانجام تالیفش بدان
سرعت و استعجال کمال صورت بست که به همین مدت
قلیل بعد تسوید و تبییض چاپ هم گردید و نقش مدعایم
چنانچه باید و شاید بر کرسی حصول مامول بنشست الحمد
تا رسم و آئین تالیف و تصنیف به جهان گزران باقی

است این رسالهٔ بجالهٔ ام به یمن ذکر محامد عالی جناب ممدوح والاصفات ماند در جهان مرغوب هنر پسندان روزگار و مطلوب دانشمندان این کهنه دور دوار باد * للمولف

الهی این طراز نادر انداز * که آمد خامه ام را مایهٔ ناز
پسند خاطر اهل سخن باد * قبول حضرت ممدوح من باد
به فیض ذکر آن مذکور آفاق * شود این نامه ام مشهور آفاق
همین بس مژدهٔ خامهٔ من * بود نامی بنامش نامهٔ من
الهی تا بود خورشید انور * مر این نامه بنامش باد مشهور
عزیزش ساز در چشم دبیران * بری دارش ز طعن حرف گیران
الهی هر شب و روز و مه و سال * بود ممدوح من مسرور و خوشحال
بدارش جاودان ای خالق دارا * به تخت کامرانی جلوه آرا
شعاع فیض آن والا مناقب * بود تابنده تر از مهر ثاقب
دعایش ورد من صبح و مسا باد * مقارن با اجابت هر دعا باد

تمام شد

www.ingramcontent.com/pod-product-compliance
Lightning Source LLC
Chambersburg PA
CBHW030319270326
41926CB00010B/1426

* 9 7 8 3 3 3 7 2 8 9 3 9 3 *

PREFACE.

To those who are ignorant of the Persian language, in which this work is written, I most respectfully append a Summary of its contents in the English language and solicit their kind indulgence in all its shortcomings. To render a literal translation from a language so full of oriental happy thoughts and imageries, it would be vain and vapid in me to attempt, and in the mother language I would solicit some indulgence at the hands of my critics.

The work opens with an exordium in praise of the Deity and eulogium in honor of the Prophet and his family, followed by the passage. "Be it known to men of wisdom, that I, Ameer Alie, a Shia native of Barh in Patna, and resident of Calcutta, and a faithful and devoted subject of the British Crown, since arriving at the age of discretion have always sought for knowledge, the society of the good, and the advancement of useful objects. Knowledge is an inestimable treasure which, unlike and above all other treasures of this world, advances the more it is pursued; it needs no safeguard to protect it, is always in the keeping of its possessor, and among other advantages gains him honor and respect from all. Of all branches of knowledge or learning, History, in which the past and the lives of the good

and the great who have been before us, are faithfully mirrored, is most congenial to my mind. The few treatises which I have hitherto written were actuated by this particular liking."

The "*Ameer namah*" which was my first production, contains a short sketch of my life and my family, the British administration in India down to the time of the late Earl of Mayo, a dedicatory chapter to Her Majesty the Queen with an account of the visit of His Royal Highness the Duke of Edinburgh to India, and the general progress in the country under the English administration in comparison to that under the Moguls. The Earl of Mayo very kindly forwarded a copy of this work for the gracious acceptance of Her Majesty who was pleased to honor me by Her kind acceptance of it and thanked me through the Secretary of State for India, *vide*, letter to the Governor General in Council, No. 59 of the 10th August 1871.

The "*Vazeer namah*" my next production, a history of the Royal Family of Oudh, the agreeable companion of my leisure hours for the last four or five years, when about to be finished and sent to the press, my anxiety as to what should next occupy my spare moments (usually whiled away in historical researches,) deeply engrossed my mind. The happy thought of attempting a biography of Lord Northbrook, with an account of the noble family to which he belongs (to show to the people of India the self sacrifice with which the great men of England have devoted themselves to the welfare of these climes) occurred to me, and I now trust that His Excellency will be graciously pleased to accept this humble tribute to his nobleness of character and

his earnest endeavours for the good of my country. This work is, with all its defects, written in the 66th year of my age. In as much as the major portion of this work contains a biography of His Lordship and an account of His Lordship's family I have, therefore, styled it "*Baring namah.*"

AMEER ALIE.

INDEX.

THE BARING NAMAH.

Part I.

Lord Mayo was assassinated at Port Blair on the 8th February 1872 by the hands of a hard hearted villain named Shere Ali. His remains were brought to Calcutta in the Steamer Daphney with solemn ceremonials. The vehement outburst of grief of the people of India at the sight of the coffin of their late Viceroy is beyond description. Men of all nations and creeds were seen present at the landing, and with depicted sorrow joined the slow and solemn procession. He was laid in State in Government House. The silent mourning was kept up for two days. His remains were sent to England on the 21st.

Here the author expresses his sorrow in some very excellent verses which run as follows :—

Persian verses romanized.

" *Ah ! Sad Ah ! azan Sadma-i-gam !*
" *Haif ! Sad Haif ! azan dast-i-Situm !*"

Translation.

Grief upon grief from this sad calamity.

Injustice upon injustice from the cruel hands of the murderer.

Another Verse.

" *Ein na khoon-i-aish-o-amn o-adl tanha raikhti,*
"*Abroo-i-mardumi ham bimahaba raikhti !*

Translation.

Thou hast not only shed the blood of one who was the source of pleasure, protection, and Justice, but thou hast without fear disgraced even bravery itself*.

" Ai kam az roobah nahat shere gooftan Jahileest,
" Ein che ab-i-teigh ander khoon-i-beja raikhti.

Translation.

Thou art worse than a fox†, and it's ignorance to style thee a lion, ‡ as thou hast shed the blood of an innocent person.

" Gowhar-i-ekta-i-marday ra chunan dadi babad,
" Sang i badgowhar shoodi bar lall ekta raikhti."

Translation.

Thou hast destroyed the unequalled gem of bravery; thou art a worthless stone and hast crushed the incomparable lall ‖.

Part. II.

The Right Hon'ble Thomas George Baring, Baron Northbrook of Stratton Park, Hants, now the Viceroy and Governor General of India, is descended from an ancient Saxon Family of Booringe. His ancestors from the time of William, Prince of Orange, have been either Municipal officers or Lutheran ministers of the City of Bremen on the river Wesserin, Germany. John Baring, grandson of Peter Baring a Dutchman and son of Franz

---

* The author here alludes to the cowardly act of Shere Ali in coming from behind and striking the blow. Had he been a brave man he would have met face to face.

† Fox is considered to be the most coward of all animals.

‡ The murderers name was Shere Ali. "Shere" in Persian means a lion.

‖ Lall is the most valuable of all gems and is very scarce.

Baring a minister of the Lutheran church at Bremen, was a Virginia merchant having by his honesty of purpose and commercial inclination and pursuit, risen to wealth and commendation, settled himself in Devonshire. From this period the commercial transaction of the family began to progress steadily. His third Son, Sir Francis Baring of Stratton Park, Hants, the great grand father of our present Viceroy, extended his commercial transactions to London, soon rose to eminence, and was created a Baronet on the 29th of May 1793. He married in 1766 Harriet, daughter [illegible] William Herring Esqr., of Croyden, by whom he [illegible] five sons and five daughters. His eldest S[illegible] Thomas Baring [illegible]ded him in 1810. He m[illegible] the 13th Sept[illegible] Mary Ursula, eld[illegible] of Charles S[illegible] died in [illegible]ve Sir Francis Tho[illegible] of serving it. April 1796, and was [illegible] lofty title but brook in 1866. He mar[illegible]ture, to do jus- 1825, Jane Grey, the fifth dau[illegible] was familiar in Sir George Grey, Bart G. C. B. [illegible]n that his com- April 1838. He married a second t[illegible] to his family March 1841, Lady Arabella Georgina Ho[illegible] daughter of Kenneth Alexander the first Earl o[illegible] ham. His Lordship had issue by the first marriage.

1. Thomas George, our present Viceroy.
2. Hon'ble Mary, born on the 31st May 1827, married on the 21st April 1864 John B. Carter Esq.,
3. Hon'ble Hannah, born on the 26th April 1831.
4. Francis Grey, born in 1832 and died 1833.
5. Hon'ble Alice, born on the 4th June 1833. by the second marriage.

6. Hon'ble Francis Henry, born on the 22nd July 1850.

Thomas George Baring, Baron Northbrook, was born on the 22nd July 1826 and was educated at the Christ College, Oxford, where he gained the highest academic degrees. He then received a good political education and commenced his active life in the Board of Trade in the year 1848. He was subsequently appointed Private Secretary to Sir George Grey and was afterwards with Lord Halifax for some time. He was taken as a Member of Parliament for Penrhyn and Falmouth in 1857. In 1859 he was appointed Under Secretary for India under the Palmerston Ministry. In 1861 he was attached to the war office as an Under Secretary and in 1869 was created privy counciller. very; thot it speech in the House of Lords in intro-
incomparabl Army Bill produced a great sensation.
ppointed the Viceroy and the Governor
lia. He married on the 6th September
Part. II. ughter of Henry C. Sturt Esq. Critchill
The F y her who died on the 3rd June 1867, he e following issue.

The Hon'ble Francis George Baring, a Captain in the Rifle Brigade, born 8th December 1850.

2. Hon'ble Jane Emma Baring, born on the 24th April 1853.
3. Hon'ble Arther Napier Thomas aring, R. N. born on the 3rd June 1855 and lost at Sea on board H. M. S. *Captain* on the 8th September 1870.

(The author here depicts the melancholy so natural to the loss of so amiable a wife and partner to His

Lordship in language which it will be difficult to give a version of in this language.)

This sad event cast a dampness over the geniality of His Lordship's disposition. Judging from appearances he would seem to be of a weak constitution, but his mental abilities as an administrator and representative of the Crown are beyond conception. Thanks be to Her Majesty the Queen and the Secretary of State for Indian affairs who have honored us by sending such an incomparable gem to rule over us. Lord Northbrook did not seem at all anxious, at the onset, to take the burden of the r. sponsible duties of the administration of India on his shoulders, but by the urging persuasion of his friends he accepted to do us justice, and thereby prove himself worthy of his country in the glory of serving it. His intentions were never to hold a bare lofty title but to concentrate the best qualities of his nature, to do justice to the affairs of India with which he was familiar in his old official capacity. It is well known that his coming to India gave ample cause of anxiety to his family and friends, but he considered duty paramount to all the attractions and pleasures of home. His system of administration has made him quite an object of love and regard among the people of India over whom he rules. He appreciates the good acts of his subjects, and favors distinctions on those who deserve them. He looks upon all with an impartial eye, and is always conscious of the high and noble vocation which he has been called by Her Majesty to perform. His administrative reforms has quite won over hearts and his memory shall remain with us ever dear and cherished.

Part III.

The advantages and benefits derived by the subjects of Her most Gracious Majesty the Queen through the medium, or I may say, the administration of Lord Northbrook, during His Lordships tenure in office as the Viceroy and Governor General of India, the first and foremost is the abolition of the Income-Tax, an emergency which in the political state of affairs which Her Majesty's subjects were called upon to meet in time of need and which they very cordially assented to, was thought, by happy auspices and favorable events, by His Lordship to be no longer incumbent on Her Majesty's loyal subjects, and hence its abolition for which both he and the crown had the best of their blessings. Several of the mostdeserving of the chiefs and officers in authority of the native community who have prominently, by their strenuous exertions and loyalty to the crown, brought themselves to repute and recommendation, have during the administration of this noble Viceroy, been justly and deservedly advanced to rank and postion.

EDUCATON.

His Lordship has always been a true lover of the advancement of Education. He laid the foundation stone of the Calcutta University, and in a very encouraging speech in March 1872, stimulated the natives of this country to exertions. He founded several new Institutions in the Province of Bengal and introduced the Arabic and Persian languages in them besides English.

He generously endowed a large sum of money for the Mahomedan Institution at Allygurh.

NAWAB NAZIM OF MOORSHEDABAD'S DEBTS.

One of the many magnanimous and noble acts of our worthy Viceroy was the taking in hand and adjusting the pecuniary difficulties of the Nawab Nazim of Moorshedabad.

A bill was introduced in the Viceregal Council and three Commissioners appointed (one of whom the humble author was nominated) to adjust the multifarious claims that were advanced against the Nawab. The matter was properly settled by the Viceroy and the Nawab and all his dependents will ever sing the song of gratitude to his magnaninity.

MARRIAGES OF THE DAUGHTERS OF THE KING OF OUDH.

His Lordship's next act of munificence was in interesting himselt and obtaining sanction from the State of a large sum ot money consequent on the celebration of the marriages of the daughters of the King of Oudh, with a liberal promise that on any such happy occasion as much would be done. The king is truly very grateful to him for all his acts and promises, and so are all the subjects of Her most gracious Majesty who have the good fortune to he placed under such excellent administration.

THE LATE FAMINE.

The hardships and difficulties experienced in certain parts of Bengal in the year 1873 are well known to every person. It was in the latter end of this year that Bengal was threatened and visited by a very severe Famine. For want of the usual fall of rain the produce in grain was very poor. The places which seemed to suffer much were Durbhunga, Tirhoot, Behar, and Patna. The price of grain increased daily and to such an extent that the poor were driven almost to starvation.

His Excellency the Viceroy was in Simla at the time, but on receipt of this sad intelligence he lost no time in coming down to Calcutta to render assistance, and with much efforts, succeeded in affording the relief which the all but starved needed.

A general meeting was convened in the Town Hall, where the matter was thoroughly discussed. Two committees were formed in Calcutta, besides others in the Mofussils, to carry out the schemes of relief. The rich Zamindars, merchants, and others, subscribed among themselves a large sum of money for the benefit of the poor. Grain was imported from Rangoon and other distant places, and arrangements were made to convey provisions to places distant from the Railway Stations. A branch Railway line was opened at Barh to convey grain to Durbungah, the River Ganges being crossed by steamers ordered there to be in attendance for the purpose. The author also was one day at - arh with Sir R. Temple.

Several improvements were made in different places

simply to give employment, to the poor. In my rough calculation I am of opinion that about 90,000 men were thus employed.

When the affliction fairly abated, Lord Northbrook personally visited some of the places, and approved of the excellent arrangements which the authorities entrusted had carried out. The author was in Barh when visited by His Lordship. An address was presented to His Excellency by the inhabitants of Barh and the adjacent places which His Lordship very graciously accepted. He showed much attention and received well the respectable persons who were present there to thank His Lordship for saving them from ruin.

THE MISSION TO YARKAND.

The Honorable Sir T. D. Forsyth was ordered to conduct a mission to Yarkand for the purpose of concluding a commercial treaty with His Highness the Ameer of Yarkand and Kashgar.

Although a negotiation for the mission was formed in the time of the late Earl of Mayo, it was never concluded till the present Governor General assumed the Viceroyalty of India. The parties forming the mission were received with every honor and distinction due to their respective ranks, and it need hardly be mentioned that the object was gained when entrusted in such able hands. The Envoy Syed Mahomed Yakoob Khan Tarah, who was deputed by the Ameer of Yarkand, came twice to Calcutta. He is a person of vast information and talents, is the master of several

languages an l well connected. He is the Ameer's sister's son. When in Calcutta he very gracious condescended me with a visit, aud we passed a very agreeable evening.

Part IV.

Maharajah Khandi Rao, predecessor of Malhar Rao, was a very good administrator. He helped the British Government at the time of the late mutiny in 1857, and was ever devotedly and faithfully attached to it.

After his death when Malhar Rao succeeded him, the administration took a different turn. Malhar Rao was a man of pleasure and State affairs were consequently neglected. Those in power and authority took advantage of this and became oppressive to the Ryots to such an extent that Jumna Baye, wife of the late Maharajah, applied to the British Government for help. Colonel Phayre, tho Resident at Baroda, had very often brought to the Rao's notice the mismanagement, in his Government, but they were unheeded. Moreover, the Maharajah, applied to the British Government for the Resident's transfer from Baroda, and not being successful in this, attempted his life by foul means. When the intelligence of this wicked act was reported for the notice of His Excellency the Viceroy, His Lordship took proper steps to investigate the affair and his actions in this respect were just and proper. His Lordship's policy to some at first did not appear sound, but soon after was pronounced to be worthy of praise. Similar to a person building a house, it is the builder who knows

what an attractive building it will be when finished, those who see it in the course of construction cannot judge better until it is completed.

The appointment of the commission for the trial of Malhar Rao, although not necessary, was done chiefly with the object of giving every possible means to the Maharajah to prove his innocence. He was dethroned not only for this treachery but on the whole he was considered unworthy to rule over his subjects. However, the Viceroy still retained some respect for him, and fixed a pleasant place for his future residence, with an allowance for his maintenance paid from the Baroda Treasury.

The Maharajah Govind Rao, a scion of the same family, was placed on the throne, but being a minor, the Viceroy appointed Sir Madhava Rao K. C. S. I., formerly attached to the Indore Court, to administer, with the transfer of Colonel Phayre and appointment of Sir R. Meade in his place.

Part V.

His Royal Highness the Prince of Wales took leave of his Royal mother, our most Gracious Majesty the Queen, and left London for India on Monday, the 11th October 1875. His Royal Highness travelled through France aud Italy, and at Brindisi embarked on H. M. S. S. "*Serapis.*"

He visited several places on his way, and on the 8th of November the "*Serapis*" with its precious burden

entered the harbour of Bombay under the thundering Royal Salutes from the batteries in land as well as the men of War. At 3 P. M., His Excellency the Viceroy, accompanied by his suite, went on board the "*Serapis*" under a salute from the flying squadron. At 4 P. M., the guns of the squadron thundered out again a Royal salute which denoted the landing of His Royal Highness the Prince of Wales. The enthusiasm evoked when the Prince stepped from the Royal barge which bore him from the "*Serapis*," was indeed most wonderful. Numerous loyal subjects, joy beaming from their countenances, had congregated to witness the landing. The acclamations and cheers rent the very air. His Royal Highness accompanied by His Excellency the Viceroy, was brilliantly received by His Excellency the Governor of Bombay, His Excellency the Commander-in-Chief, the Chief Justice, and other high officials. There were upwards of 70 Indian Princes, Chiefs, and Sirdars present to do him homage. Mr. Dusabhoy Framjee, Chairman of the Municipal corporation of Bombay, read an address of welcome which the Prince after listening to with marked attention made a suitable reply. The Viceroy then introduced to him the several native Princes and Chiefs who were assembled there. After going through a round of introductions, His Royal Highness followed by Lord Northbrook stepped into his carriage and proceeded to Government House. The streets were splendidly decorated with a series of eight triumphal arches along the route. The reception in the streets was most enthusiastic, intense excitement prevailed and the whole

route was one dense seething mass of people of all castes.

On the 9th, salutes were fired from the fleet and land Batteries, and ships were dressed in honor of His Royal Highness' birth-day. At 10 A. M., the Prince received visits from the native Princes, Chiefs, and Sirdars, held a Darbar, and at 4 P. M., went on board the "*Serapis*," to cut his birth-day cake. In the evening the procession to view the illumination was formed. The Royal Party proceeded through the illuminated streets of Bombay, and was everywhere greeted with marked enthusiasm by every section of the vast community which crowded the streets and filled the houses along the line of route. The Prince was highly pleased with his reception and the magnificence of illumination.

On the 10th, His Royal Highness received visits from a number of Chiefs and Sirdars, and at 4-15 P. M., held a levee which was numerously attended. After the levee the Prince went to honor the children's fete where he met with a most cheering reception. About ten thousand children were brought together. Some Parsee maidens advanced towards His Royal Highness and hung garlands of flowers round his neck. This pretty and imposing sight was a novelty for him and his extreme affability was the subject of comment. Several Parsee ladies were then presented to the Prince, and after staying a short while there His Royal Highness entered his carriage. In the evening the Prince paid several-return visits and later in the evening attended the Byculla Club Ball which was a great success.

On the 11th, an address from the Bombay University

was presented to His Royal Highness. In the after-noon the Prince paid a further series of return-visits to some of the native Princes and Chiefs, and in the evening laid the foundation stone of the Prince's Dock.

On the 12th, His Royal Highness proceeded to see the Elephanta Caves, and the next morning left Bombay for Poonah. Great preparations were made here for his reception.

On the 16th, His Royal Highness returned to Bombay and presented new colors to the Marine Battalions. In the evening he witnessed the fire-works, and later attended the State Ball given in the Goverument House at Parell.

On the 17th, His Royal Highness went out to see the Sanapore Burning ground of the Parsees, the Crawford Market, and the European General Hospital.

On the 19th, the Prince of Wales and suite arrived at Baroda. The town was handsomely decorated. The Prince, in company with H. H. the Guickwar and Sir T. Madhava Rao, K. C. S. I., proceeded to the Residency where he remained during his stay at Baroda. Here His Royal Highness witnessed the combat of wild elephants which was amusing as well as interesting.

On the 20th, the Prince went to see the hunting ground of the Guickwar. On the evening of the 21st, H. H. the Guickwar gave a grand Banquet in honor of H.R.H. the Prince of Wales, Sir Madhava Rao made an admirable speech to which the Prince made a short response which gave great pleasure to the native community.

His Royal Highness paid a visit to Momedabad, and returned to Bombay on the 24th. The Prince spent

the greater portion of the day on board the "*Serapis*.

On the 25th, he left Bombay, visited Colombo, Kandy, and other places, and arrived at Madras on the 16th December. He was well received by a large attendance of all classes of the community in this Presidency. On the evening of the 17th, there was a grand reception in the Government House, and later at half past ten a display of fire-works.

On the morning of the 18th, the Prince of Wales' race meeting took place. In the forenoon the Prince received an address of the Senate, and in the evening attended the public entertainment consisting of Indian nautches and songs.

H. M. S. "*Serapis*" conveyed our Royal guest from Madras and steamed proudly in Diamond Harbour on the morning of the 22nd December. His Honor the Lieutenant Governor of Bengal, with his personal staff, proceeded to Diamond Harbour to meet His Royal Highness on board the "*Serapis*." The steamer left Diamond Harbour on the morning of the 23rd, and arrived off Prinsep's-Ghat at 1 P. M., under a Royal Salute from the ramparts of Fort William. At 4 P. M., a deputation from the Government of India waited on His Royal Highness the Prince of Wales. At 4-30 P. M., the Prince, accompanied by His Honor the Lieutenant Governor of Bengal, and attended by his own suite, landed under Royal salutes and naval Honors. His Excellency the Viceroy, attended by his personal staff, received His Royal Highness on the pontoon, where an address from the Justices of the Peace for the Town of Calcutta was read by the

Chairman of the Corporation. His Excellency the Commander-in-Chief, the Honorable the Chief Justice of Bengal, the Lord Bishop of Calcutta, and other officers in authority were in attendance at the ghat. The author also with other Justices of the Peace, was present. There were a large number of Indian Princes and Chiefs who were especially invited to be present. Tickets were issued for admission to spectators with whom every space available in the ghat was filled. His Royal Highness drove in procession to Government House; when he entered the North Eastern Gate a Royal salute was fired from the ramparts of Fort William, and as he arrived at the foot of the grand stair-case the Guard of Honor of British Infantry drawn up opposite to it, presented Arms, and the Royal standard was hoisted on the Government House. (The details of the ceremonies are given in the original Persian.) After dinner His Royal Highness and the Viceroy visited English's Theatre.

In the forenoon of the 24th, His Royal Highness received visits from several Maharajahs, and in the evening, accompanied by Lord Northbrook, drove through certain parts of the town which were beautifully and brilliantly illuminated.

The 25th, being Christmas day, His Royal Highness attended Divine service at the Cathedral, and at 4 P. M. proceeded to Barrackpore where he passed the night.

On the 26th, being Sunday, the Prince attended Divine service in the Barrackpore church.

On the 27th, His Royal Highness returned to Calcutta, and received visits from several Chiefs and Sir-

dars. In the afternoon he visited the European General Hospital, and passed through the new Zoological Garden to join His Honor the Lieutenant Governor's Garden Party at Belvedere. After dinner he proceeded to Government House, and was present at a Ball given by His Excellency the Viceroy.

On the 28th, His Royal Highness returned the visits of several of the Maharajahs, held a levee at Government House, and after dinner proceeded to Belgatchia to honor a fete given in his honor by his Indian subjects.

This day the author presented to His Royal Highness the Prince of Wales through His Honor the Lieutenant Governor, a copy of his publication the "*Ameer Namah*," handsomely bound, in a silver casket, and received in return the thanks of His Royal Highness who very graciously had accepted it.

In the forenoon of the 29th, His Royal Highness returned the visits of some of the Chiefs and Sirdars, and in the afternoon attended the races.

On the 30th, the Prince invited His Excellency the Viceroy, and party, to lunch on board H.M.S. "*Serapis.*"

In the forenoon of the 31st, the Prince visited several of the public Institutions, in the afternoon attended a Garden Party in Government House, and at night was present at a Ball given in the Town Hall in honor of His Royal visit.

On the first day of January 1876, an encampment was formed in the Maidan, and a Chapter of the most Exalted Order of the Star of India was held at 9 A.M., in the Viceroy's Durbar Tent. His Royal Highness held the investiture in Her Majesty, the Sovereign of the

Order's name and on Her behalf. (Full details are given in the original Persian.) In the afternoon His Royal Highness unveiled the statue of the late Earl of Mayo, and at 6 P. M. drove to witness the exhibition of fire-works in the Race Course.

On the 2nd, Sunday, His Royal Highness and Suite attended Divine Service.

On the 3rd, the Prince attended the Convocation of the Calcutta University, when an Honorary Degree of "Doctor of Laws" was conferred upon him. At 10 P. M His Royal Highness left Calcutta by a special train for Bankipore.

On the 4th, the Prince arrived at Bankipore, was received by His Honor the Lieutenant-Governor of Bengal, held a Darbar, and on the same day proceeded to Benares.

On the 6th, he arrived at Lucknow, passed Cawn-pore and reached Delhi on the 11th. Here he witnessed the grand Field Exercise which was so imposing a sight that the Prince acknowledged in his last letter from the Indian shore to Lord Northbrook that, "He shall not easily forget it." He then visited almost all the important places in the North Western Provinces and the Punjab. He was received with all the honors due to his rank by His Highness the Maharajah of Cashmir, saw the Golden Temple at Umritsur, and enjoyed fine sports in the Terai of Nepaul.

On the 11th March, he returned to Bombay and on the 13th left India for England on board H. M. S. "*Serapis.*"

The author here prays for the Princo's safo journey

Home to his fond mother, devoted wife, and loving children, who await to welcome him.

The remembrance of this Royal visit will out last all other remembrances in every mind.

Part VI.

A full account of the life of the author is given in his former work the "Ameer Namah," and this is only in continuation of it describing certain important events in his life which happened since the publication of the former work.

The author commences with the praise of the English Government and dwells chiefly on the acknowledgements of rights and appreciations of services of the subjects by Government. He is very grateful to Lord Northbrook for His Lordship's taking into consideration the services rendered by him to Government from time to time.

On the 17th of September 1875, His Excellency the Viceroy and Governor General of India honored the author with the title of "Nawab" together with a khillut. His Honor the Lieutenant Governor of Bengal invited a large number of European and Native gentlemen to witness the ceremony. Mr.Buckland, the private Secretary to His Honor and a very particular and kind friend of the author, dressed him with the khillut and presented him to the Lieutenant Governor. He read the Sunad, signed by His Excellency the Viceroy, conferring the title of Nawab upon the author. His

Honor the Lieutenant Governor of Bengal then placing a garland of Pearls round the author's neck, made a long speech an abstract of which is herewith annexed.

The Lieutenant Governor, in addressing the author, said that he would have made his speech in the Urdoo language in which he was in the habit of conversing with him, but as English is the language of Court and could be understood by almost all the persons present in this gathering, his speech would be in that language.

Speech—" Nawab Ameer Ali Khan Bahadoor is not a stranger to those who are present here this evening. His polished manners and excellent behaviour have made him quite an object of regard in almost every mind. When a pleader of the Sudder Dewani Court, he secured the confidence of the Judges, was always respected by them, and was an example to other pleaders of his time. During the mutiny when he was appointed Assistant Commissioner in Patna, his zeal and energy proved him to be worthy of the notice of Government. Here His Honor read a report of Mr. Samuels, which speaks very highly of the author, a copy of which is already published in the Ameer Namah.

In 1867 he was appointed by the King of Oudh to look after his affairs which were in a most deplorable state. His excellent managements are well known to every one and are the subject of much praise and commendation. His appointment as a Commissioner to settle the debts of the Nawab Nazim of Moorshedabad, was most suitable and a more judicious selection could not have been made. He acquitted himself in the dis-

charge of his duties in an honorable manner which gained for him the approval of His Excellency the Viceroy, and in consideration of which His Lordship was pleased to confer upon him the title of Nawab which is regarded by the Mahomedans as the greatest distinction one could attain to. May we hope that he will live long to enjoy it."

Part. VII.

"DOORDANA," PEARLS.

The Honorable Sir Richard Temple, K. C. S. I., eldest Son of Richard Temple Esquire, J. P. of the Nash Kempsey, Worcestershire, was born on the 8th March 1826, educated at Rugby under Dr. Arnold, was in the sixth form under Dr. Tait, and at the East India College, Haileybury. He was headman in the College and gained medals in classics, law, history, and political economy. He arrived in India on the 8th January 1847, and has successively held the following offices in India.

In the year 1848, he was Assistant Magistrate at Muttra. In 1849-50, Joint Magistrate at Allahabad. From 1851-53, Settlement officer in the Doabs of Jullunder, Rechna and Chuch in the Punjab; he also devoted his time in drafting the Punjab Report and the Punjab Civil Code under the direction of Sir H. Lawrence, Sir J. Lawrence, and Sir B. Montgomery, and in

1854 and 1855, he was Secretary to the Chief Commissioner (Sir J. Lawrence) of the Punjab, and in 1856 proceeded to England.

He returned to India towards the latter end of the year 1857, and rejoined Sir John Lawrence's Staff at Delhi, in 1858, he was appointed Secretary to the Punjab Government and wrote a report on the Trans-Indus Frontier tribes. In 1859, he became Commissioner of the Lahore Division and also special Commissioner for the award of compensation to sufferers in the mutinies. In 1860, he was Head Commissioner of Paper Currency, Chief Assistant to the Financial Member of Council, Member of the Bengal Indigo Commission, Member of the Military Finance Commission, President of the Civil Finance Commission, Member of the Commission for Police Organization in India, and deputed to Arracan, Pegu, and Tenasserim, together with Colonel H. Bruce, to report on the formation of a Chief Commissionership of Burmah.

In 1861, he was deputed by Lord Canning to Hyderabad, (Deccan) Nagpore, Saugor, and Jubbulpore on special financial duty. From 1862 to 64 he remained Chief Commissioner of the Central Provinces, and in 1865, proceeded to England.

On his return to India he rejoined his place in the Central Provinces and in 1866, made C.S.I.

In 1867, he was made K.C.S.I., and was appointed Resident at Hyderabad, Deccan. In 1868, he was Foreign Secretary, Secretary to the Order of the Star of India, Financial Member of Council, and in charge

of the Punjab Tenancy Bill. He also took part with Sir W. Mansfield and Mr. G. Dickson in advocating a legal tender Gold Currency for India. In 1869, he went to England, and on his return remained from the year 1870 to 74, Financial Member of Council, his term of office having been extended by the Secretary of State for one year beyond the usual period. He was also President of the Central Committee in India for the International Exhibitions at Kensington from 1871 to 73. He recommended a system of life Assurance by the State in India. In 1874, he was deputed to direct relief operations in the field at the beginning of the famine in Behar and Northern Bengal. In the same year, on the 9th April, he was appointed Lieutenant-Governor of Bengal to which office he does justice up to the present moment.

Sir R. Temple was much employed in drafting the Punjab Reports from 1852 to 1859 and the Punjab Civil Code under the direction of the local Government. His published writings are the following :—

The report on the Trans-Indus Frontier tribes.

The minute on Bengal Indigo.

Reports on the Central Provinces from 1862 to 1866; these reports explain his administrative policy.

Report on public opinion among the natives.

The editing of the Hislop papers on the aboriginal languages of the Central Provinces.

Budgets and Financial Statements 1868 to 1873; These statements explain his financial speeches on the policy.

Several budget debates in the Legislative Council of His Excellency the Viceroy.

Essay on the balance of trade between England and India.

Several Statements in the Legislative Council of the Governor General on the extension of the Paper Currency

The Bengal Famine Report.

Speeches in the Legislative Council of Bengal at the beginning and end of winter Session of 1874-75.

Several Minutes on Education published in the *Calcutta Gazette.*

Dr. George Smith gives, in the *Calcutta Review*, a correct list of the articles contributed to it by Sir R. Temple, with one exception, *viz*, that on the Punjab which was not written by him.

Sir R. Temple has exhibited water colour pictures in the Simla Fine Arts Exhibition from 1868 to 1872, and at the Calcutta Exhibition of 1871-74.

Sir R. Temple is the representative of a noble family that can trace back its pedigree for many generations. He married first in 1849, Charlotte Francis, the youngest daughter of B. Martindale Esq., of London, and has issue by her, two sons and one daughter. He married again in 1871, Mary Augusta, eldest daughter of C. R. Lindsay Esq., of the Bengal Civil Service, Judge of the Chief Court of the Punjab. By this amiable lady he has one son

As regards his personal virtues, Sir R. Temple is exceedingly kind and courteous, and has always exhibited an eagerness to establish friendship and good feeling between the Europeans and the Natives, with the view to promote the welfare of this country. He has given admission to the Hindoos as well as Mahomedans to join his parties and social gatherings, and has very often invited them to the *Rhotas* during the hot seasons. He has made a careful inspection of all the remotest parts of the country with a view to render good administration and promote the happiness and comforts of the subjects, and his measures generally tend to the good of the country. During the late famine he inspected every afflicted part of Bengal and adopted excellent measures to save people from starvation and ruin. He has devoted much time and attention to the municipal affairs of Bengal. He has never failed to confer special favours on those who are really worthy and deserving of them; one of the recipients of such favours, is the author whose language fails to thank him for them. His recent act of kindness towards him (the author) has been the appointment of his son Moulvi Ashrafuddeen Ahmed to the office of Motawallee of the Hooghly Imambarah. At the time of conferring on the author the title of Nawab, bestowed by His Excellency the Viceroy, Sir R. Temple invited a large number of Europeans and Native Rajahs and Chiefs, and having robed him in their presence gave him the *Sunad*, and made a pleasant speech as to the services rendered by him to Government from time to time. He referred particularly to the services rendered

by the author during the time of the mutiny, and in the settlement of the Nawab Nazim of Moorshedabad's debts. Sir R. Temple's qualifications can not be enumerated in full in this small work. May his shadow never get less !